소년들의 섬

일제가 만들고 군사정권이 완성시킨 **선감학원 소년들의 잔혹사!**

소년들의 섬

이민선 기자의
선감도 르포르타주

맞아 죽고 굶어 죽고 빠져 죽고,
지옥의 수용소”

이게 다 박정희 독재정권 때
일어난 일이에요”

정말 견디기 힘든 게
성폭력”

생각나눔

'선감학원'은 법령은커녕 근거나 명분도 없이 주먹구구식으로 운영한 소년 수용소다. 그러다 보니 제대로 된 문서가 남아 있을 리 만무하다. 진실을 파악하는 데 상당한 어려움이 따랐던 이유다.

이러한 경우 무엇보다 중요한 것은 관련자들의 증언이다. 그러나 피해자 증언만으로 선감학원의 진실을 찾는 작업은 수많은 퍼즐 조각을 맞추는 것만큼이나 어렵다.

'오마이 뉴스' 이민선 기자는 이 어려운 방법으로 지금까지 감춰져 있던 생존자들의 경험, 즉 피해 사실을 모았다. 그리고 세상에 내놓았다.

그러기 위해 전국 각지에 흩어져 사는 생존자들을 발품 팔아 만났다. 증언의 신뢰를 높이기 위한 문헌 찾기와 연구 역시 오롯이 그의 몫이었다.

이민선 기자의 땀 냄새가 물씬 풍기는 이 책이 선감학원에서 곡괭이 자루로 맞아가며 굶주림과 중노동에 시달리다 죽은 소년들, 어머니가 보고 싶어 탈출하다가 주검이 되어버린 어린 원혼들의 넋을 달래줄 수 있었으면 한다.

안산지역사연구소 소장 *정진각*

2017년, 그 해 2월, 햇살 눈부신 이른 봄의 선감 나루터. 수용소로 끌려가는 소년들의 무거운 발걸음이 시작된 곳이다. 쌀쌀했다. 아직 겨울인가 싶을 정도였다.

이곳에서부터 선감학원까지 소년들은 겁에 질린 채 걸었다. 먼 훗날, 그들의 서러운 발자국이 찍힌 이곳에 예술가들이 '선감 이야기 길'이란 예쁜 이름을 붙였다.

'선감 이야기 길' 끝단 작은 박물관에서 앙증맞은 꽃신을 만났다. 채 10살도 되기 전 세상을 등진 소년의 무덤에서 나온 꽃무늬 고무신이다.

'이렇게 어린아이가 어째서 이곳에 끌려왔고, 또 무슨 이유로 죽음을 맞이한 것일까?'

꽤 오랜 시간을 이 문제에 매달렸다. 소년들에 관해 남아 있는 기록이 거의 없어 진실을 파헤치는 작업은 쉽지 않았다. 유일한 방법은 생존자들 증언을 듣고 기록하는 것뿐이었다. 다행히 그들은 매우 적극적이었다.

하지만 생존자들 인생을 들여다보는 게 만만치 않은 일이었다. 힘에 겨워 '이제 그만할까' 생각한 게 한두 번이 아니다. 그들에게서 흘러나온 이야기가 귀를 의심할 정도로 충격적이었기 때문이다.

선감학원에서 겪은 인권유린, 그 트라우마는 그들의 삶을 뿌리째 뒤흔들었다.

초로의 나이임에도 그들은 악몽에서 벗어나지 못해 괴로워했다. 이런 극악한 인권 유린을 국민을 보살펴야 할 국가에서 저질렀다는 사실이 내 가슴에 불을 질렀다. 그 분노가 '끝까지 파헤치리라!'는 결심을 놓지 못하게 했다.

선감학원을 거쳐 삼청교육대, 그리고 범죄의 늪에 빠져 청송감호소까지. 인생의 절반을 갇혀 산 이도 있고, 소매치기를 하다가 종교의 힘으로 늪에서 빠져나와 목사가 된 이도 있다.

이런 분들을 만나고 나면 몸살에 걸린 듯 뼈마디가 쑤셨다. 사진으로만 남아 있는 선감학원 전경이 꿈에 나타나 괴롭히기도 했다.

그런데 나를 만난 생존자들은 대부분 후련해했다. "말을 하고 나니 가슴이 후련하다."라며 눈물을 흘린 이도 있다. 심장질환, 뇌종양 같은 무시무시한 병마가 한꺼번에 찾아들어 눕지 못하고 의자에 앉은 채로 수년간 살고 있는 한 생존자는 "말을 하고 나니 몸에 생기가 도는 느낌이다."라고 말하기도 했다.

이 반응에 힘을 얻어 그들의 비참한 인생을 지치지 않고 기록할 수 있었다. '그렇구나, 그저 들어주는 것만으로도 위로가 되는구나.' 하는 보람이 뼈마디 쑤시는 고통을 잊게 한 덕분이다.

이 책이 나오기까지 많은 분의 도움이 있었다. 특히, 20년 가까이 선감학원 비극을 파헤쳐 온 정진각 안산지역사연구소 소장 도움이 컸다. 그의 적극적인 도움이 없었다면 이 책은 세상에 나오지 못했을 것이다. 생존자들 인생을 기록할 엄두조차 못 냈을지도 모른다. 이런 의미에서 보면 그를 만난 게 나에겐 커다란 행운이다. 20여 년 차곡차곡 모아 온 정보를 아낌없이 나눠준 그에게 고마움을 전한다.

소년 수용소 선감학원은 우린 근대사에서 가장 어두운 부분이다. 군사독재 정권이 저지른 최악의 폭력이다. 가공하지 않은, 있는 그대로의 우리 역사를 알고 싶은 분들에게 이 책이 도움되길 바란다. 아픈 심장을 부여잡고 오늘을 살아가는 생존자들에게 이 책이 따뜻한 위로가 된다면 그보다 더한 기쁨은 없을 것이다.

차 례

11_ 후리가리

부 록

선감도의
비극

맞아 죽고,
굶어 죽고,
빠져 죽고

_ 선감학원(仙甘學院)만큼 우리의 아픈 근·현대사를 오롯이 간직한 곳이 또 있을까?

선감학원은 소년 감화원이란 이름으로 존재한 강제 수용소다. 일제가 불량행위를 하거나 할 우려가 있는 8세에서 18세 소년을 '감화(感化)'시킨다는 목적으로 세웠다고 하니, 이 사실만으로도 강제 수용소였다는 증거는 충분하다. 8살짜리 꼬마가 자기 의지로 감화원에 갈 리는 없기 때문이다.

선감학원은 일제 강점기 말기인 1942년에 세워져 해방된 뒤에도 존재했고, 군사독재 시절까지 그 명맥을 유지하다가 1982년에야 사라졌다. 우리의 아픈 역사를 보여주는 한 단면이다.

위치만 봐도 섬뜩하다. 선감학원은 사방이 바다로 둘러싸인 섬, 선감도(안산시 단원구 선감동)에 있었다. 영화에나 나올 법한 장소다. 선감도는 지금은 대부도, 탄도와 다리로 연결돼 육지처럼 보이지만, 1980년대 후반까지만 해도 배를 타지 않고는 발을 디딜 수 없는 외로운 섬이었다.

일제는 패망해서 이 땅을 떠나기 전까지 3년 4개월간 선감학원을 무척 폐쇄적으로 운영했다. 선감도 땅을 모두 사들인 뒤 선감학원 운영을 보조할 15가구 70명 정도의 주민만 섬에 살게 하고, 나머지는 다른 곳으로 내몰았다. 그리해서 일제 강점기에 이 학원에서 벌어진 일은 세상에 나오지 못한 채 선감도에 그대로 묻혀 있을 수밖에 없었다.

그러나 영원한 비밀은 없는 법. 일제 강점기 선감도의 비극은 『아! 선감도(1989년)』라는 소설을 통해 세상에 모습을 드러내게 된다. 저자인 '이하라 히로미츠'는 초등학교 2학년 때 선감학원 부원감인 아버지를 따라와 선감도에서 3년여를 보냈다. 성인이 되어 자신이 목격한 선감학원 소년들의 참상을 고발하는 소설을 쓴 것이다.

"굶어 죽기 일보 직전인 원생들이 도망치다가 물에 빠져 죽었다. 2년 동안 10명이나 된다. 배가 고파 아무 풀이나 먹은 탓에 위염, 위궤양으로 고생하던 아이가 많았다. 폐결핵 환자도 10명이나 됐다. 도망치다 잡힌 아이는 손을 뒤로 묶은 뒤 죽도(竹刀)로 미친 듯이 두들겨 팼다. 등과 허벅지 엉덩이에서 쏟아진 피가 순식간에 마당에 있는 돌을 적셨다. 마침내(매를 참지 못해) 스스로 혀를 깨물고 죽은 아이도 있었다."

– 책 『아! 선감도』 속에서 –

∷ 일제, 소년들 전쟁터로 몰려고 하다가…

일본인 이하라는 이 소설을 쓰기 위해 1980년대에 여러 차례 선감도에 다녀갔다. 책이 나오고 난 뒤인 지난 1996년경에는 경기도 안산시를 방문해 굶어 죽고, 맞아 죽고, 탈출하다 바다에 빠져 죽은 소년들의 영혼을 달래주기 위한 위령탑을 세우자고 제안하기도 했다.

이 제안을 적극적으로 받아들인 한국인은 '정진각'이라는 역사학자다. 그는 당시 한양대에서 역사 강의를 하고 있었다. 지금은 안산지역사연구소 소장이다. 그는 이하라를 만나고 난 뒤, 그의 열정에 자극받아 20여 년간 선감학원에 관한 조사와 연구에 매달렸다.

"이하라 입장에서는 자기 나라를 욕하는 일이잖아요? 그런데도 우익한테 위협을 당하면서까지 과감하게 진실을 말하는데, 우리나라 사람이 아무것도 하지 않는다는 것은 말이 안 된다고 생각했어요."

정 소장(65세)이 선감학원 진실규명에 뛰어든 이유다. 그를 지난 2월 22일(2017년) 안산에 있는 한 카페에서 만났다.

정 소장은 "거지꼴로 돌아다니는 아이들을 보호 대상이 아닌, 청소 대상으로 본 것이다."라며 말문을 열었다. 부랑아 등을 사회와 격리하기 위해 일제가 선감학원을 설립했고, 경기도 또한 이런 이유로 선감학원을 계속 운영했다는 것이다. 정 소장은 일제가 아이들을 태평양 전쟁에 내몰기 위해 선감학원을 세웠으리란 의혹도 제기했다.

"선감학원 시설은 열악하기 짝이 없었어요. 외부와의 접촉도 불가능한 지역이라 엄청난 인권유린 사태도 일어났고요, 소년들은 중노동에 시달렸어요. 20만 평에 달하는 농지를 소년들이 감당한 것만 봐도 알 수 있어요. 조선총독부 기록을 보면 감화원의 목적을 "사회 반역아 등을 보호·육성하여 대동아전쟁의 전사로 일사순국(一死殉國)할 인원을 늘리자."라고 분명하게 천명했어요. 전쟁터로 몰 계획이었는데, 전쟁이 빨리 끝나서 그러지 못한 거죠."

정 소장은 사진 한 장을 보여주었다. 일본인 교사로 보이는 군복 입은 사람이 야외 수업을 하는 사진이었다. 칠판에 '지원병'이란 제목의 글이 쓰여 있다.

"천황폐하의 감사한 호의로 우리도 군인이 될 수 있게 되었다. 명예로운 일본의 군인이 된다는 일은 더없는 행복이다. 나는 몸을 단련하고 마음을 닦아서 훌륭한 청년이 될 것이다. 그리고 지원병이 되어 천황폐하의 고마운 은혜에 보답할 것이다."

– 칠판 글 –

:: 얼마나 죽었는지, 누가 죽었는지도 알 수 없어

해방 후 경기도가 이 시설을 물려받았다. 그런데 경기도 또한 일제와 별반 다르지 않게 이 시설을 폭력적으로 운영했다. 소년들은 선감학원에서 생지옥을 경험했다. 강제노동과 폭력, 굶주림에 시달렸고, 죄수들처럼 머리를 박박 밀렸다.

도망치다 잡히면 원장 사택 마루 밑 땅굴에 갇혀 주먹밥으로 연명하며 끊임없이 반성문을 써야 했다. 도망치다 바다에 빠져 죽은 아이나 병이 들어 죽은 아이는 가마니에 둘둘 말아 선감학원 인근 야산에 묻었다. 정말 안타까운 것은 남아 있는 기록이 없어, 얼마나 죽었는지 죽은 아이가 누구인지도 모른다는 것이다.

간혹 빠져 죽지 않고 바다를 헤엄쳐 건넌 아이도 있었다. 하지만 집으로 돌아가는 길은 멀고도 멀었다.

"다 그런 것은 아니겠지만, 인근(선감도 인근 섬)에 사는 주민들도 한통속이었던 것 같아요. 도망친 아이를 발견하면 차비를 빌려주거나 해서 집으로 돌려보낸 게 아니라, 붙잡아서 자기 집 머슴으로 부려먹기도 했어요. '돌아가서 맞아 죽을래, 우리 집에서 일할래?' 이런 식이었죠. 그분들(주민들)은 그게 당연하다 생각한 거 같아요. 만나보면 '그때는 다 어려워서 그랬어요.'라고 어이없는 대답을 합니다."

정말 충격적인 것은 이 지옥의 수용소에 경찰이나 시청 공무원에게 납치되다시피 끌려온 아이도 있다는 사실이다.

"경찰이나 시청 등에서 일하는 공무원이 실적을 채우기 위해 그랬을 것으로 생각합니다. 부모도 있고, 학교도 다니고 있었는데, 거리에 나왔다가 부랑아 취급을 받아서 끌려온 분이 있어요. 할머니 손을 잡고 시장에 왔다가 손을 놓쳐 미아보호소에 있다가 끌려온 분도 있고요. 지금도 생존해 계신데, 그분들은 자신들이 공무원한테 납치됐다 생각하고 있어요."

정 소장을 통해 알게 된 피해자들의 삶은 처절했다. 끔찍했던 어린 시절 기억이 생생해, 노인이 된 지금도 '다시 잡혀가는' 악몽에 시달리는 피해자가 많았다. 정상적인 교육을 받지 못해 날품팔이로 근근이 생활하는 사람도 부지기수다. 지옥 같은 선감학원의 기억이 소년들 삶을 뿌리부터 뒤흔들어 놓은 것이다.

정 소장은 이런 이유 때문에 진실규명이 더욱 절실하다고 목소리를 높였다. 국가에서 저지른 폭력이니 지금이라도 책임 있는 지도자가 피해자들에게 정중히 사과해야 하고, 재발 방지까지 약속해야 한다고 주장했다. 아직도 악몽에 시달리는 피해자들에게 트라우마 치료 등을 비롯한 실질적인 지원도 필요하고, 아픈 역사를 기억하고 교훈으로 삼기 위한 '박물관 건립'도 필요하다고 덧붙였다.

그러나 정부나 경기도는 선감학원의 비극이 국가에 의한 폭력이었다고 공식적으로 인정한 일이 없다. 진실규명을 위한 노력 또한 거의 없었다. 정 소장을 비롯한 뜻있는 사람들이 선감학원의 비극을 역사적 교훈으로 남기기 위한 노력을 하고는 있지만, 선감학원의 비극 대부분은 아직도 피해자들 기억 속에만 머물러 있는 실정이다.

어머니 기다리는
집으로 가소서

_ '이 길을 걸으며 소년들은 어떤 생각을 했을까? 겁에 질려 있었던 것은 아닐까? 어쩌면 호기심과 기대감에 가슴이 뛰고 있었을지도 몰라.'

'선감 이야기 길'을 걸을 때 불현듯 스친 생각이다. 겨울의 찬기와 봄의 온기가 한꺼번에 느껴지던 이른 봄날(2017년 2월 24일)이었다. 덥지도 않고 춥지도 않아 걷기에 딱 좋았다.

낙원이 아니라는 것은 짐작했겠지만, 이 길을 걸을 때까지만 해도 소년들은 자신들 앞에 어떤 운명이 놓여 있는지 알지 못했을 것이다. 선감학원이 지옥 같은 강제 수용소라는 사실을 알았다면, 그곳에 강제 노역과 굶주림, 폭력이 기다리고 있다는 사실을 알았다면, 그리고 고통스럽게 죽을 수도 있다는 것을 알았다면 이 길이 소년들의 눈물로 적셔졌을 것이다.

그 옛날, 소년들은 선감 나루터에서 선감학원(현 경기창작센터)까지 3km 남짓한 거리를 걸어서 이동했다. 그 길을 경기창작센터에 입주한 예술가들이 복원하고는 '선감 이야기 길'이라 이름 지었다. 예술가들은 길 곳곳에 이정표를 세웠고, 소년들이 도착하는 모습을 그림으로 표현해 놓기도 했다.

걷다 보면 소년들이 거주했던 기숙사와 원장이 살았던 관사를 볼 수 있다. 선감 이야기 길이 끝나는 경기창작센터에는 선감 역사관이 들어서 있다. 역사관에는 선감학원의 비극적인 역사를 설명하는 글과 그림이 전시돼 있다.

선감 이야기 길 끝단 즈음에 컨테이너를 개조해서 만든 선감 역사 박물관이 있다. 이 박물관 역시 작가들이 흘린 땀의 결과물이다.

박물관에는 선감학원을 경험한 3명(김춘근, 김영배, 전남석)의 소년들 이야기가 담긴 영상물이 있다. 노년이 되어서 증언한 내용이다. 한 소년의 무덤에서 나온 꽃신도 전시돼 있는데, 너무 작아서 애처롭다. 성인 손바닥에도 못 미치는 크기다.

경기창작센터에는 소년들 넋을 위로하기 위해 세운 위령탑도 있다.

높이 1m 남짓, 아담한 크기의 위령탑이다. 위령탑에는 '농부 시인'으로 유명한 홍일선 시인이 강제 수용소 선감학원에서 짧은 생을 비극적으로 마감한 소년들을 추모하기 위해 지은 시(詩)가 새겨져 있다.

시와 함께 위령탑을 세우는데 뜻을 함께한 이들의 이름도 새겨져 있다. 20여 년간 선감학원 진상규명에 매진한 정진각 안산지역사연구소 소장과 소설 『아! 선감도』를 발표해 선감학원의 비극을 세상에 알린 이하라 히로미츠, 김용현·장을봉 조각가와 이교의 태양석재 대표, 홍일선 시인과 경기창작센터 입주 작가들이 이름을 올렸다.

∷ 선감학원 운영한 경기도, 소년들 명부 간수 못 했는지, 안 했는지

이렇듯 선감학원의 비극을 기억하고 기록하며, 그들의 넋을 위로하기 위한 일들이 그동안 계속 진행됐다. 그런데 안타까운 것은 가장 큰 책임이 있는 국가와 지방자치단체가 아무것도 하지 않았다는 점이다. 선감 이야기 길과 선감 박물관은 예술가들의 힘으로, 위령탑 역시 예술가, 시인, 역사학자 등이 힘을 모아 세웠다.

그래도 국가에서도 무엇인가는 했겠지 하는 마음에 취재해 보았지만, '정말 아무것도 하지 않았다'는 결론만 얻었다. 혹시 아무런 책임이 없다고 생각하는 것일까?

소년 강제 수용소 선감학원의 비극에 대한 가장 큰 책임은 경기도에 있다. 일제가 세워놓은 선감학원을 그대로 물려받아 비슷한 방법으로 36년간이나 운영한 게 바로 경기도이기 때문이다. 일제 강점기인 1942년에 세워져 1982년까지 존속했으니, 46년부터는 경기도가 운영한 것이다.

정도의 차이는 있지만, 일제가 저지른 강제노역, 폭행, 굶주림 같은 인권유린이 경기도가 운영하는 동안에도 계속 자행됐다. 도망치다가 바다에 빠져 죽거나 병에 걸려 죽은 소년 역시 일제와 마찬가지로 가마니에 둘둘 말아 매장했다는 게 피해자들 증언이다.

이렇게 책임이 큰데도 경기도는 그동안 뒷짐만 지고 있었다. 진상을 규명하려는 노력도 없었고, 사망자 넋을 위로하거나 피해자들 상처를 치유할 노력도 하지 않았다.

심지어 36년간 선감학원을 거쳐간 소년들 명부 등을 비롯해 신원을 확인할 수 있는 기본적인 기록물조차 제대로 지키지 않았다. 이 때문에 어디에 살던 누가 왔다 갔는지, 몇 명이나 거쳐 갔는지, 왜 오게 됐는지, 얼마나 어떤 이유로 죽었는지를 정확하게 파악할 길이 없다.

선감학원을 거쳐 간 소년들 신원 등을 확인하기 위해 지난 6일(2017년 2월) 경기도에 자료 열람을 요청했지만, 확인할 수 있었던 것은 1974년부터 1980년까지 선감학원을 거쳐 간 소년들 수 정도였다.

선감학원 인권유린 진상규명과 피해자 지원 대책 마련을 위한 특별위원회 위원장인 김달수 의원(더민주, 고양)도 이 문제를 지적했다. 김 의원은 "기록도 빈약한데 너무 아픈 기억이라 그런지 피해자들이 밝히기를 꺼린다. 가해자를 찾기는 사실상 불가능하고…"라며 진상규명의 어려움을 토로했다.

김 의원을 만난 것은 지난 2월 17일(2017년)이다. 1년 기한으로 구성한 '경기도의회 선감학원 진상조사 및 지원방안 마련 특별위원회' 활동 기간을 올해 9월까지 연장하는 안건이 운영위원회를 통과한 날이었다. 연장 이유는 기록물 등이 충분하지 않아 목표한 만큼 진상규명을 하지 못했기 때문이다.

:: 위령탑 세우자는 제안 끝내 외면한 안산시, 왜?

선감학원이 있던 선감도 관할 관청인 안산시도 관심이 없기는 마찬가지다. 뜻있는 안산시민들이 소년들 넋을 위로하기 위한 위령탑을 세우자고 제안했지만, 끝내 외면했다.

처음, 위령탑을 세우자고 제안한 이는 『아! 선감도(1989년)』라는 소설을 발표해 선감도의 비극을 세상에 알린 일본인 이하라 히로미츠다.

그는 선감학원 부원장인 아버지를 따라 선감도에서 3년여를 보냈다.

그때 기억을 토대로 자기 또래 소년들이 선감학원에서 겪은 참상을 소설에 담았다. 소설을 발표한 뒤인 지난 1996년 안산시를 방문해 위령탑을 세워야 한다고 제안하면서 안산지역에서 '위령탑 논란'이 시작됐다.

"이하라가 일본에 가서 모금이라도 해서 위령탑을 세우고 싶다고 하니까 안산시가 직접 하겠다고 나섰어요. 그러고 나서는 1999년도에 예산(9,500만 원)도 세웠어요. 설계까지 다 끝냈는데, 갑자기 특별한 이유도 없이 없던 일로 하자고…."

20여 년간 선감학원 진상조사에 매달린 정진각 안산지역사연구소 소장이 한 말이다. 한 달 새 두세 번을 만났는데, 그때마다 거르지 않고 한 말이다. 이 기억이 그의 몸 어딘가에 체증처럼 얹혀 있다가 튀어나오는 것 같았다.

위령탑 건립계획을 돌연 취소한 뒤 안산시는 10여 년이 훌쩍 지나도록 위령탑을 세우지 않았다.

결국, 위령탑을 세운 것은 정 소장을 비롯한 뜻있는 시민들이었다. 정 소장 등 뜻있는 사람으로부터 딱한 사정을 전해 들은 김용현·장을봉 조각가는 기꺼이 재능기부를 해주었고, 석재 사업을 하는 이교의 대표는 돌을 기부했다. 이렇게 해서 지난 2014년 세워진 게 경기창작센터에 있는 높이 1m 남짓한 아담한 위령탑이다.

안산시는 어째서 예산까지 세워놓은 사업을 돌연 취소해 버린 것일까?

그 까닭을 알아보기 위해 안산시에 1999년 당시 문서 열람을 요청했다. 확인 결과, '공사금액이 수의계약 한도액 초과(한도 7,000만 원)로 규정상 공개경쟁 입찰이 불가피한데, 그럴 경우 수의계약을 하기로 (안산시와) 의논을 하고 이미 설계를 진행한 설계자의 반발이 예상된다'는 게 가장 큰 이유였다.

이해하기 힘든, 억지로 이유를 만들었다는 느낌이 드는 내용이었다. 설계자와 협의를 해서 비용을 줄여도 되고, 사업비를 나누어(설계·시공) 수의계약 한도를 넘기지 않아도 되는데, 그렇게 하지 않고 아예 계획을 취소했다는 게 억지스럽기만 했다.

실제로 회계업무 경험이 있는 경기지역 한 공무원한테 물으니 "이런 경우 사업비를 나누어서 수의계약 한도를 넘지 않게 하기도 한다."라는 답이 돌아왔다.

그래서 1999년에 만든 안산시 문서보다는 정 소장과 안산시 관계자 등이 전한 추측이 더 믿음이 갔다.

"선감학원이 일제 강점기에만 존재한 것으로 알고 위령탑을 세운다고 했는데, 훨씬 더 긴 세월을 경기도가 운영했다는 사실을 안산시가 나중에 알게 된 거예요. 그 뒤로는 선감학원과 관계된 일은 경기도 책임이니, 모두 경기도가 해야 한다며 미뤄버린 것이죠."

:: 소년들이여, 어머니 기다리는 집으로 가소서

한 역사

어둠 속 섬에서
동트는 새벽이 있었으련만
아주 오랜 날 유폐된 섬 속에서
소년들이 있어야만 했으니
저물 무렵 집으로 돌아가는 길
그 길이 정녕 역사일진대
삼가 오늘 무릎 꿇어
그대들 이름 호명 하나니
선감도 소년들이시여
어머니 기다리시는 집으로
밀물 치듯 어희 돌아들 가소서
이 비루한 역사 용서하소서

위령탑에 새겨진, '농부 시인'으로 유명한 홍일선 시인의 시(詩)다. 시인은 '비루한 역사'를 만든 것에 대한 용서를 빌고 있다. 그들의 넋이 어머니가 있는 집으로 돌아가기를 간절히 기원하고 있다. 국가의 폭력으로 일어난 비극인데, 어째서 가해자인 국가가 아닌, 시인이 용서를 빌어야 하는지 답답하기만 하다.

바다로 뛰어든
소년들

　　　　　　　_ 소년들이 강제 수용소 선감학원에 끌려
간 이유는 저마다 달랐다. 부모에게 버림받아 보육원(고아원)에서 살다
가 어느 날 느닷없이 끌려온 이도 있고, 고아가 아닌데도 부랑아 취급
을 받아 끌려온 이도 있다. 이들의 공통점은 옷차림이 남루했다는 것
정도다.

　소년들은 고립무원인 섬에 갇혀 강제노동과 폭력, 굶주림에 시달렸
다. 죽을 만치 힘들었지만 벗어날 길은 없었다. 그곳을 벗어나는 길은
도망치는 것뿐인데, 그러려면 죽음을 각오해야 했다. 사방이 바다로
가로막혀 있어서다.

　소년들은 자유를 갈망하며 이를 악물고 헤엄치는 법을 익혔다. 그러
나 높은 파도를 넘는다는 것은 쉬운 일이 아니었다. 그래서 숱하게 죽
었다. 파도에 휩쓸려 죽었고, 헤엄치다 기력이 다해 죽었다. 시신이라
도 섬으로 떠내려 왔으면 그나마 다행이다. 정말 운이 좋은 영혼이다.
땅에 묻힐 수가 있었으니 말이다. 먼바다로 떠내려간 시신들, 그 안에
깃든 영혼은 지금도 바다를 헤매고 있다.
　이렇듯, 선감학원에서 죽은 이들은 대체로 바다에서 생을 마감했다.
하지만 병에 걸려 죽은 이도 많다. 간혹 맞아 죽은 이도 있다고 하니,

소년들 삶이 얼마나 험하고 비참했는지 미루어 짐작할 수 있다.

더 안타까운 것은 선감학원이 설립된 1942년에서 문을 닫은 1982년까지 40여 년 동안 얼마나 많은 소년이 죽었는지, 그들이 누구였는지를 알 수 없다는 사실이다. 남아 있는 기록이 없고, 죽은 자는 말이 없기 때문이다.

그들의 죽음을 기억하는 곳은 무덤뿐이다. 기억하는 이는 그들과 함께 지옥 같은 시간을 보낸 생존자들뿐이다.

∷ 바다에서 건진 어린 넋, 넋전에 얹혀 묘역으로

이렇듯 선감학원의 비극을 기억하는 생존자와 선감학원의 비극을 역사로 남기려는 이들이 옛 선감학원 터인 '경기창작센터' 인근에서 어린 넋을 달래는 행사를 열었다. '2017 선감학원 추모 문화제(5월 27일)'다.

선감학원 생존자 30여 명과 20여 년간 선감학원의 진실을 파헤치기 위해 노력한 정진각 안산지역사연구소 소장, 『아! 선감도』라는 소설로 일제 강점기 선감도의 비극을 알린 일본인 이하라 히로미츠 씨, 안산지역 정치인(시·도의원) 등이 위령제에 참여해 어린 넋들을 위로했다.

추모 문화제는 배를 타고 온 소년들이 첫발을 내디딘 '선감 나루터'에서 시작됐다. 소복 차림을 한 이들이 엄숙한 표정으로 장구를 치고 춤을 추었다. 넋을 불러오는 '혼 맞이 굿'이다. 바다에서 넋을 건져 올린 굿 행렬은 소년들이 선감학원까지 걸어서 간 '선감 이야기 길'을 걸었다.

선감 이야기 길의 끝은 어린 넋들이 잠들어 있는 공동묘지 '선감 묘역'이다. 그곳에서 위령제가 열렸다. 묘소마다 죽은 자의 넋을 받은 종이 인형인 넋전이 꽂혔다. 이어 비참한 생을 처참하게 마감한 어린 넋을 위로하는 '위령 무'가 펼쳐졌다. 초로의 나이에 접어든 생존자들이 한때 동료였던, 어쩌면 같은 방 안에서 동고동락했을 어린 넋들에 술을 올리며 위령제가 막을 내렸다.

너무 어린 나이에 세상을 떠서 그런 것일까? 무덤은 초라했다. 봉분이라 하기에는 낯부끄러운 얇은 무덤들이 그곳이 선감 묘역이라는 사실을 말하고 있었다. 묻힌 자가 누구인지, 얼마나 묻혔는지는 알지 못한다. 그러니 묘비 따위가 있을 리 만무하다. 소년들이 묻힐 때, 장례식 같은 것은 없었다. 거적에 둘둘 말아 파묻은 게 장례식의 전부였다고 한다.

∷ 선감학원에서 죽은 아이 300명 넘어

생존자들은 대부분 고통스러운 기억만을 머리에 담고 있었다. 스님이 된 곽은수(혜법 스님) 씨는 부모가 있는데도 공무원들한테 납치되다시피 끌려와 선감학원에서 갖은 고초를 겪었다. 혜법 스님은 지금도 어린 시절 헤어진 가족을 찾고 있다.

대전에 사는 한일영 씨 또한 부모가 멀쩡하게 있는데 강제로 끌려왔다. 가까스로 탈출해 꿈에 그리던 가족을 만났다. 하지만 그의 인생은 이미 어긋나 있었다. 나이가 많아 다시 학교에 다닐 수도 없었고, 배움이 짧아 안정적인 직장을 얻을 수도 없었다.

부모한테 버림받아 보육원(고아원)을 전전하다 끌려온 이들의 삶은 더 비참했다.

일흔 살 김춘근 씨는 전쟁고아다. 1961년에 선감학원에 끌려와 선감학원이 문을 닫은 1982년까지 살았으니 살아 있는 증인이라 할 만하다. 어쩌면 그에게는 선감학원이 고향 같은 곳일 수도 있다. 선감학원에서 자라 성인이 되어서는 관리자로 일했고, 결혼도 했으니 말이다.

하지만 그의 머리에도 행복한 기억은 거의 없다. 끌려오면서 무서웠던 기억, 곡괭이 자루로 맞은 기억, 배고팠던 기억이 대부분이다. 거기에 도망치다 죽은 후배들을 묻어준 기억이 얹혀 있어 더 괴롭다. 그가 직접 묻어준 아이만 해도 7~8명이나 된다. 그는 일제 강점기부터 죽은 아이를 모두 헤아리면 300명이 넘을 것이라 증언한다.

선감학원이 문을 닫으면서 그는 세상에 내쳐졌다. 다른 원생과 마찬가지로 그도 직업 구하기가 만만치 않았다. 수원에서 환경미화원으로 일하는 동안 아이 둘을 남기고 아내가 그의 곁을 떠났다. 그 뒤 선감학원 출신들이 많이 사는 인천으로 건너와 페인트칠, 건물 방수 같은 육체노동을 해서 아이 둘을 키우는 고달픈 삶을 살았다. 지금은 월세방에서 혼자 살고 있다.

:: 선감학원 거쳐 삼청교육대, 청송감호소까지

김성곤(61세) 씨는 7살 즈음 인천에 있는 보육원을 탈출해 무작정 서울로 상경했다가 서울에 있는 보육원을 거쳐 10살 즈음에 선감학원에 끌려갔다. 그를 기다린 것은 강제노역과 감당하기 힘든 폭력, 그리고 배고픔뿐이었다.

"정말 힘든 게 노동이었어요. 그 어린아이들한테 성인도 하기 힘든 하역 작업을 시켰어요. 배에서 연탄이나 40킬로나 되는 시멘트 부대 같은 것을 내리는 일이었는데, 그때 시멘트 부대를 진 채로 배에서 떨어져서 허리를 다쳤습니다. 그게 지금도 저를 괴롭힙니다."

수차례 도망을 쳤지만 대부분 실패했다. 실패해서 잡혀올 때마다 죽도록 맞았다. 도망치지 못하게 한다며 발바닥을 사정없이 때렸다. 발바닥 부기가 빠지는 데만도 몇 달이 걸렸다. 맞는 것도, 바다에 빠져 죽는 것도 두려웠지만, 그렇다고 탈출을 멈출 수는 없었다. 자유가 그리웠기 때문이다.

그는 도망치기 위해 수영을 미친 듯이 연습했다. 결국, 중학교 3학년 정도 나이인 16살 즈음에 바다를 헤엄쳐 건너 선감학원을 벗어날 수 있었다.

천신만고 끝에 세상에 나오기는 했지만, 초등학교도 나오지 않은 그가 할 수 있는 것은 노점상, 막노동 같은 험한 일뿐이었다. 어린 시절부터 갖은 세파에 시달리다 보니 성격까지 강퍅해 수틀리면 주먹을 휘둘렀다. 그럴수록 인생은 더 꼬이기만 했다.

"삼청 교육대도 갔다 왔고, 교도소에서도 정말 오래 있었어요. 장기수만 수용하는 청송감호소까지…. 60년 인생 중 절반가량인 30여 년을 교도소에서 보낸 거죠. 지금은 기초생활보장 수급자로 살고 있어요."

:: 건빵 한 봉지 훔쳐 먹었다고 퇴학, 고아라고 너무 막해

이대준(60세) 씨도 고아였다. 수원 보육원에 있다가 열 살 즈음인 1966년경에 선감학원에 끌려갔다. 그는 선감학원에 도착하자마자 열일곱, 여덟 살 정도 된 사장(숙소의 장)한테 성폭행을 당했다. 그 일을 당하면서도 그는 그게 성폭행이라는 사실도 몰랐다. 생살이 찢기는 아픔을 겪으면서도 '소리치면 죽여 버린다'는 말이 무서워 신음도 내지 못했다.

그게 성폭행이란 사실을 알려준 이는 선감학원 교사다. 걸음을 제대로 걷지 못하는 소년 김대근을 발견한 교사가 '무슨 일이 있었느냐'고 꼬치꼬치 캐물었다. 사실대로 말하자, '그게 성폭행'이라고 알려줘 그때야 자신이 성폭행을 당했다는 사실을 알게 됐다. 다행히 그 교사가 다른 숙소로 옮겨주어서 그 뒤로는 성폭행을 당하지 않았다.

참으로 억울한 것은 당시 학교(선감도 내 선감국민학교. 수용자 일부를 국민학교에 보냈다.)에서 급식으로 나오던 건빵 한 봉지 훔쳐 먹고 퇴학을 당한 일이다. 5학년 때였다. 지금 생각해도 고아라고 너무 막한 것이다. 부모가 있었다면 그러지는 못했을 것이다. 그 뒤로는 막노동이 그의 일과였다. 그래도 학교에 다닐 때는 일을 덜할 수 있었는데 말이다.

건빵은 배고픔을 참을 수 없어 훔쳐 먹은 것이다. 반찬이랍시고 나오는 게 호박, 젓갈 같은 것이었는데, 호박은 익지 않은 채로 나와 못 먹었고 젓갈에서는 구더기가 나와서 먹을 수 없었다. 국에서 쥐머리하고 꼬리가 나온 적도 있다. 그래서 그는 지금도 호박과 젓갈을 먹지 않는다.

하루라도 매를 맞지 않으면 잠을 이룰 수가 없었다. 그러다 보니 하루하루가 공포 그 자체였다. 자유가 그리워 수도 없이 도망쳤지만 번번이 실패했다. 그럴 때마다 매타작을 당했다.

이대준 씨는 19살이 돼서야 탈출해 선감학원 출신이 많은 인천에 왔지만, 먹고 살길은 막막했다. 깡통 들고 밥 얻으러 다니기도 했고 구두닦이도 했지만, 한 번 달라붙은 가난은 떨어져 나가지 않았다. 운 좋

게 결혼을 했지만, 그마저도 실패했다. 지금은 버스 운전을 하면서 월
세방에서 아들과 함께 살고 있다.

꽃 신

우린
사람이 아니었다

＿ 바닷바람에는 겨울이 남아 있었지만, 볕은 분명 봄이었다. 3월 즈음이니 절기상으로도 봄인 게 분명했다. 난 선감도 바닷가에 서 있었다. 육지에서 잡혀온 소년들이 겁 질린 표정으로 첫발을 내디뎠을 선감 나루터였다.

그 옛날 소년들이 걸었던 길을 따라 걸었다. 작은 나룻배에서 내린 소년들은 3km 정도를 걸어서 선감학원에 갔다. 걷다 보니 컨테이너 몇 개를 포개서 만든 '선감 역사박물관'이 나타났다. 그곳에서 앙증맞은 꽃신(꽃무늬 고무신)을 만났다. 소년의 유해와 함께 나온 유품이었다.

'저 꽃신 주인은 누구일까, 어떻게 생겼을까, 어째서 그 어린 나이에 땅에 묻힌 것일까, 만약 죽지 않았다면 어떤 삶을 살았을까?'

궁금증이 꼬리를 물었지만 풀 방법은 없었다. 꽃신 주인에 관한 기록은 선감도에 있는 선감국민학교(초등학교) 1학년 생활기록부밖에 없어서다. 이밖에 다른 기록은 처음부터 없던 것인지, 중간에 없어진 것인지조차 알 수 없었다.

그는 선감초등학교에 1963년 6월에 입학해 다음 해 4월에 퇴학했다. 이유는 '사망'이다. '명랑하나 허약하여 소극적인 행동을 한다'는 게 그를 지도한 교사 소견이다.

알고 보니 소년 강제 수용소 선감학원과 관련된 일이 모두 그랬다. 소년들이 왜 선감도까지 끌려갔는지, 누가 얼마나 잡혀갔는지, 그곳에서 어떤 일을 당했는지 정확한 기록이 없다는 게 특징이었다. 그래서 더 비극적인 섬이었다.

이러한 비극을 가장 상징적으로 보여주는 게 꽃신이다. 이것이 꽃신이 가리키는 곳을 따라, 꽃신 주인의 흔적을 찾아 나선 이유다.

죽은 자는 말이 없으니 산 자에게 물을 수밖에 없었다. 다행히 그 꽃신 주인을 알고 있는 이가 몇 명 있었다.

그중 한 명은 꽃신 주인이 묻힌 곳을 언론(2016년 KBS 『추적 60분』)에 알려 꽃신을 세상에 나오게 한 선감학원의 산증인 일흔 살 김춘근 씨다. 1961년에 선감학원에 끌려와 선감학원이 문을 닫은 1982년까지 있었으니 살아 있는 증인이라 할 만하다. 또 한 명은 김춘근 씨와 함께 꽃신 주인을 묻어준 강준희 씨이고, 나머지 한 명은 꽃신 주인의 쌍둥이 동생이다.

:: 얼마나 잡혀 왔는지도 알 수 없어, 그래서 더 비극적

"무덤에 묻힌 사람이 (쌍둥이 중)형이에요. 배가 너무 고파서 모포를 뜯어먹고 죽었다는 말이 그 당시 선감학원에 돌았어요. 사망할 때 고작 예닐곱 살 정도였어요. 의무실에 누워 있을 때 몇 번 봤는데, 완전히 비쩍 말라 있었어요. 근데, 선생이 어째서 그렇게 지독하게 아팠는데도 그 애를 병원에 안 데려갔는지 모르겠어요. 인천 가톨릭 병원과 자매결연 관계라 병원선도 왕래했는데 말이죠.

선생 입회하에 저하고 원생 몇 명이 함께 묻었어요. 관은 없었고, 시신을 광목에 싸서 들것으로 공동묘지까지 옮겼어요. 무덤은 동네 어른들이 미리 파 놓았고요. 묻고 나서 원가 불러주고 내려왔어요. 무덤에서 꽃신이 나왔는데, 아마 그 애가 들어올 때 신고 있던 것 같아요. 선생들이 넣어 주었겠지요. 당시 원생들에게는 검정 고무신밖에 없었어요. 그 주변에서는 (꽃무늬 고무신을) 살 수도 없었고요."

전화기에서 들려오는 김춘근 씨 목소리는 덤덤하면서도 비애가 서려 있었다. 그와 꽃신 주인에 관해 두 번이나 통화했다. 가을 기운이 완연한 10월(2017년) 어느 날, 그리고 겨울 기운이 느껴지는 11월 어느 날이었다. 꽃신 주인을 물을 당시 그의 나이는 18살 정도로, 원생 치고는 많은 나이였음에도 그가 아는 것은 이게 전부였다.

꽃신 주인을 기억하는 또 한 사람인 강준희 씨(65세) 목소리 역시 덤덤하면서도 어딘가 슬퍼 보였다. 꽃신 주인이 사망할 당시 그는 13살 즈음이었다.

"같은 숙소에 있었는데, 원래 몸이 약해서 빌빌거렸어요. 한 달 정도를 시름시름 앓았는데, 그때는 밥을 떠 넣어줘도 다 토할 정도로 (상태가) 안 좋아서 의무실에 입원도 하고 그랬어요. 어느 날 일을 마치고 숙소에 와 보니 죽어 있는 거예요. 담요를 뜯어서 입에 물고 있었는데, 배가 고파서 그랬는지, (죽기 전에) 고통스러워서 그랬는지는 잘 모르겠어요. 쌍둥이 동생이 하나 있었는데, 그 아이는 숙소가 달라서 형이 죽은 모습을 보지 못했어요. 형이 죽어서 묻힌다는 것을 알게 되자, 울고불고 난리를 치는 거예요. 그래서 나이 많은 원생들이 그 애를 방 안에 붙잡아 놓고 있었어요. 형 시신을 보면 충격받을 것 같아서요."

그런데 어째서 쌍둥이 형제를 같은 숙소에 두지 않고 떨어뜨려 놓은 것일까?

"거긴, 형제가 들어오면 무조건 떼어 놓았어요. 쌍둥이도 마찬가지였겠죠. 형제가 숙덕숙덕해서(모의해서) 같이 도망칠까 봐 그런 거예요."

∷ 꽃봉오리처럼 어린 나이에 지옥에서 맞이한 최후

165cm가 될까 말까 한, 남자치고는 좀 작은 키에 검은색 피부를 가지고 있었다. 뿔테 안경을 쓰고 있어서 그런지 눈매가 매워 보였지만, 전체적으로 선해 보이는 인상이었다. 꽃신 주인이 살아 있었다면 이런 모습이었으리라!

닮은 것은 외모뿐만이 아니었다. 그의 생활기록부를 보니 "신체허약하고 모든 면이 소극적"이라 적혀있었다. 성격까지 똑같은 것이다.

꽃신 주인의 쌍둥이 동생 허일용 씨를 만난 것은 지난 11월 1일(2017년)이다. 집으로 찾아가겠다고 하자 그는 '워낙 누추해 그럴 수 없다'며 한사코 밖에서 만나자고 했고, 그래서 어쩔 수 없이 성남시청 앞에서 그를 만났다.

그의 집을 방문하려 한 것은 52년 만에 만난 형, 아니 형의 유골과 정말로 한집에서 살고 있는지 두 눈으로 확인하고 싶어서다. 솔직하게 이 바람을 밝히자 그는 유골함 사진을 찍어서 보내주겠다고 제안했다. 그리해서, 더는 집을 방문하겠다 고집할 수가 없었다.

"장례도 치르고… 그러고 싶은데, 지금 그럴 형편이 못 돼요."

그가 형 유골을 끌어안고 사는 이유는 뜻밖에도 장례식 비용이 없어서였다. 그리움이 깊어서, 외로워서 그랬으리란 섣부른 짐작을 무너뜨린 대답이었다. 살짝 허탈해졌다. 하지만 그다음 말에서 혈육에 대한 그의 그리움과 깊은 애정을 엿볼 수 있었다.

"형은 꽃봉오리처럼 어린 나이에 그 지옥에서 억울하게 최후를 맞이했어요. 그래서 더 잘해주고 싶어서, 남들 하는 것처럼 화장하고 그러는 것보다는 이게 나을 것 같아서, 발굴한 그대로 몇 개 남지 않은 뼛조각이나마 모아서 가지고 있는 거예요."

너무 아픈 기억이라서 그런 것일까? 꽃신 주인의 동생 허일용(60) 씨는 형에 대한 기억을 거의 갖고 있지 않았다.

"저는 형이 죽었다는 사실도 알지 못했던 것 같아요. 기억이 안 나요. 형이 아프다는 것은 알았는데, 그것도 누군가 알려줘서 알았고요. 엊그제 우연히 강준희 씨를 만났는데, 형이 죽었다는 것을 알고는 제가 울고불고했다는데, 그것도 기억이 나지를 않아요. 형이 죽은 게 너무 충격적이어서 그런 건지, 정말 아무 기억이 없어요."

그는 형이 죽은 이유가 배고픔 때문이라 단정했다. 그는 "거긴 지옥이에요. 우린 사람이 아니었어요. 개돼지 취급을 받은 거죠!"라고 운을 떼고는 선감학원의 악몽을 토해냈다.

쌍둥이 형제

_ 쌍둥이 형제는 선감학원에 오기에는 너무 어린 나이였다. 그뿐만 아니라 몸도 또래에 비교해 약했다. 약육강식이 지배하는 정글과 같은 선감학원을 감당하기에는 너무나 허약했던 것이다.

"생활기록부에 신체 허약체질이라 나올 정도로 몸이 약했어요. 원생 중 제일 어렸고요, 그래서 더 많은 고통을 받았지요. 힘이 약하다 보니 허구한 날 밥을 빼앗겨 더 많이 배가 고팠고, 맞기도 더 많이 맞았어요. 안 주면 죽여버린다고 협박하고, 때리고, 못살게 굴고. 정말 배가 고파서 살 수가 없었어요. 어떻게 제가 거기서 살아 나왔는지 지금 생각해도 신기해요.

형도 분명 저하고 똑같이 당했을 거예요. 내 기억에는 없지만, 형이 배가 고파서 모포를 뜯어먹고 병이 나 죽었다는데, 그랬을 것 같아요. 보리밥에 단무지 하나 나오는 식사, 다 먹어도 늘 허기가 지는데, 그마저도 덩치 크고 거친 형들한테 빼앗겼으니. 몸도 약한 사람이 병이 안 날 수가 없죠."

꽃신 주인의 쌍둥이 동생 허일용(60세) 씨가 추측하는 '형이 죽은 이유'다. 근본 원인은 굶주림이라는 것이다. 이게 사실이라면 죽음 중에서도 가장 비참한 죽음이라는 '아사(餓死)'니, 참으로 아픈 일이다. 그는 "너무 끔찍한 기억이라서 그런지, 형에 대한 기억이 도무지 떠오르지 않는다."라고 입버릇처럼 중얼거렸다.

하늘 아래 유일한 혈육과의 이별만큼이나 괴로운 게 지독한 매질이었다. 아침에 조금만 늦게 일어나도 머리통만 한 주먹이 날아왔다. 더억울한 것은 아무 이유 없이 맞는 것이었다.

사장(숙소 장)이나 반장이 자기 기분 나쁘면 집합시켜 놓고 화풀이를 했다. 선생도 군기를 잡는다는 이유로 걸핏하면 몽둥이를 휘둘렀다.

그러다 보니 안 맞는 날이 거의 없을 정도로 숱한 매를 맞았다. 너무 어리고 겁이 많아 반항 같은 것은 생각조차 할 수 없었다. 어리다고 봐주지도 않았다. 탈출은 언감생심 꿈도 꿀 수 없었다. 그곳은 사방이 바다로 둘러싸인 섬, 선감도였다.

원생 하나가 도망치다가 바닷가에서 잡힌 일이 있었다. 선생과 덩치큰 형들이 몽둥이를 들고 바닷가로 몰려갔고, 겁에 질려 있는 아이 하나를 개 패듯 두들겨 팼다. 누군가 "눈 감아!"라고 속삭여서 눈을 감았다. 그렇다고 그 무서운 광경이 머릿속에서 사라지는 것은 아니었다. 그 아이가 죽었다는 사실은 나중에 알게 됐다.

어리다고 강제노동에서 제외된 것도 아니다. 머리통 두 배만 한 큰연탄도 날랐고, 산과 들에서 풀을 베어 퇴비도 만들었다. 이런 이유 등으로 겨울이면 늘 동상에 시달렸다. 발이 퉁퉁 붓고 빨개져도 치료해주는 이는 없었다. 아무리 어려도 스스로 해결해야 했다. 어린 그가 할 수 있는 일은 따뜻한 물에 발을 담그는 것뿐이었다. 이 모든 게 10살도 안 된 어린아이가 겪어내기엔 너무나 참혹한 일이었다.

∷ 밥 안 내놓으면 죽어, 모포 뜯고 죽은 이유

꽃신의 주인, 그의 형이 죽은 것은 선감학원에 끌려간 지 2년 만인 1964년 4월 1일이다. 그 뒤 6개월 만에 그는 그곳을 떠나 인천에 있는 계성 보육원이란 곳에 맡겨졌다. 어째서 그를 육지로 내보냈는지는 알 수 없다. 대체로 목숨을 걸고 탈출해서 그곳을 벗어났다는 점을 고려하면 무척 이례적인 일이다.

선감학원보다는 덜하지만, 그 뒤의 삶도 버겁기는 마찬가지였다. 매질도 당했고, 노동에 시달리기도 했다. 그래도 옥수숫가루 죽이나마 많이 먹을 수 있어 좋았다. 그나마 그가 6학년쯤 됐을 때 보육원이 망해버려, 그는 초등학교 학력으로 사회생활을 시작해야 했다.

배움이 짧다는 것, 너무 어리다는 것도 힘겨운 일이지만, 그보다는 고아를 바라보는 세상의 시선을 견디는 게 더 힘들었다. 그래서 고아라는 사실을 어떻게든 숨기려 했지만, 불가능한 일이었다. 취직을 하기 위해 꼭 필요한 주민등록 등본 같은 신상과 관련한 서류만 내면 들통이 나게 돼 있었다.

고아라는 것을 아는 순간 사람들 눈빛이 달라졌다. 도둑질하고 강도질하는 나쁜 사람 취급을 했다. "너 같은 놈은 때려죽여도 상관없다."는 잔인한 말도 거침없이 했다. 한때 친했던 사람이 그 말을 하면 서운함과 배신감에 몸서리가 쳐졌다. 어릴 때 겪은 선감학원의 끔찍한 기억을 고스란히 안고 사는 일도 무척 괴로웠다. 이 기억은 예순이나 된 지금까지 그를 괴롭히고 있다.

"선감학원을 겪은 뒤에는 기를 펴고 살 수가 없었어요. 늘 불안한 거예요. 그러다 보니 앞장설 일이 생겨도 나설 수가 없고, 사람 사귀는 것도 두렵고."

이런 불안함 탓인지 그는 평생을 성실히 일했음에도, 예순이란 나이가 됐음에도 현재 빈손이다. 구두닦이, 식당 종업원, 막노동, 운전, 중동 건설 붐이 불 때는 두 번씩이나 열사의 땅에 다녀왔는데도 말이다. 사글셋방에서 살고 있고, 결혼을 못 한 탓에 가족도 없다.

그의 처지는 당장 일자리를 찾아야 끼니를 때우고, 유일한 친구인 담배를 살 수 있을 정도로 열악하다. 하지만 나이가 많다 보니 허드렛일 찾기도 쉽지 않다. 생활정보지 구인 광고를 찾아 전화를 걸지만 돌아온 대답은 "나이가 많아서 안 된다."는 말뿐이다. "중동까지 가서 돈을 벌었으면 꽤 많이 모았을 텐데?"라고 묻자 그는 피식 웃으며 "만홧

가게 하다가 까먹기도 하고, 돈 벌기가 쉽지 않았어요."라며 한숨을 내뱉었다.

도대체 언제부터 그의 인생이 이렇게 꼬인 것일까? 쌍둥이 형제의 비극은 어디서부터 시작된 것일까?

∷ 미아가 돼서 고아로 살았지만, 원망은 없어

선감학원에 끌려가기 전 쌍둥이 형제가 살았던 곳은 서울 미아리다. 아버지는 없었지만, 그래서 비록 가난했지만, 할머니, 엄마와 함께 행복한 유년기를 보내고 있었다.

쌍둥이 형제의 어머니는 부잣집에 가서 온종일 일을 하다가 밤늦게 집에 돌아왔다. 식모살이라는 것이다. 엄마가 일하는 낮 동안 쌍둥이와 놀아준 것은 할머니다. 맛있는 것을 사달라고 조르면 할머니는 눈을 곱게 흘기며 쌈짓돈을 꺼냈다. 대문을 여는 엄마 손에는 늘 무엇인가 들려 있었다. 사과 조각, 배 조각…, 자식 입에 넣어주기 위해 이 눈치 저 눈치 봐가며 부잣집에서 싸 들고 온 눈물겨운 음식이었다.

젊은 어머니는 재혼하면서도 쌍둥이 형제를 떼어놓지 않았다. 충청도에 있는 농가였다. 그러나 새아버지는 쌍둥이에게 그리 친절하지 않았다. 엄마 옆에서 잔다고 생떼를 써대니 그럴 만도 했다. 결국, 쌍둥이는 엄마가 재혼한 집에서 쫓겨나 할머니와 살게 된다.

1960년, 쌍둥이가 6살 된 해 어느 날, 그들은 할머니 손을 잡고 시장에 갔다. 달착지근한 것을 맛볼 기대감에 어린것들 얼굴은 연신 싱글벙글이었다. 기대했던 대로 두어 번 칭얼대자 할머니 속곳에서 돈이 나왔다.

"거기서 할머니 손을 놓친 거예요. 유별나게 그날 사람이 많았어요. 할머니가 사준 게 무엇인지는 기억에 없어요. 달착지근한 것이었어요. 정신없이 먹고 보니 할머니가 없는 거야! 그래서 울면서 정신없이 찾았는데, 도무지 찾을 수가 없는 거예요. 6살짜리가 어디가 어딘지를 어떻게 알겠어요?"

어둠살이 짙어질 때쯤 쌍둥이 형제는 시장을 벗어나 넓은 공터 부근에 와 있었다. 눈물도 말랐고, 더는 울 기력도 없었다. 어디선가 제복을 입은 경찰이 나타났고, 경찰 손에 이끌려 파출소로 향했다. 며칠 뒤 '서울시립 아동보호소'라는 곳으로 옮겨졌다. 몇 개월 뒤인 1962년 선감도로 끌려갔다. 집을 찾아주는 대신 보육원으로 보낸 것이다. 왜 그랬는지는 알 수 없다.

"부모도, 세상도 원망한 적은 없어요. 모두 내 운명이라고 그렇게 편안하게 생각하며 살았어요. 어머니도, 할머니도 모두 자애로운 분이었고요."

타고난 성품이 바다같이 넓은 것인지, 해탈한 것인지? 이렇듯 그의 마음에는 원망이란 게 없었다. 그러나 아쉬움은 깊었다. 할머니 손을 놓치지 않았다면, 선감학원에 끌려가지 않았다면, 분신과도 같은 쌍둥이 형을 잃지 않았다면 좀 더 나은 삶을 살지 않았을까? 이것은 나만의 상상이 아니었다.

"그랬다면 지금보다는 훨씬 낫겠지요. 불우했지만 (형과) 서로 의지하면서, 도우면서 살았다면 결혼도 하고, 자식도 키우는 평범한 삶을 누렸을 것도 같아요. 사는 동안 이런 생각 한두 번 해본 게 아닙니다."

쌍둥이 동생 허일용 씨 인생을 통해서 본 꽃신 주인의 인생은 역시 희극보다는 비극에 가까웠다. 무덤에서 나온 꽃신은 소년 강제 수용소 선감학원이 소년들 영혼을 어떻게 갉아먹었는지를 똑똑히 보여주고 있다.

뭉치

어머니는 나를 버렸고,
아버지는 죽이려 했다

_ '혹시 내가 잘못 들은 게 아닐까? 인간 세상에서 정말 일어날 수 있는 일인가?'

얼굴에는 사람 좋아 보이는 웃음이 가득했지만, 그의 입에서 흘러나오는 말은 내 청력을 의심하게 하는 믿기 힘든 것뿐이었다. 어떻게 저런 말을 얼굴 한 번 붉히지 않고, 목소리 떨림도 없이 마치 남의 일처럼 담담하게 할 수 있을까? 성직자라서 그럴 수 있는 것일까?

임용남 목사(66세), 그가 유년기와 청소년기에 겪은 일은 상상할 수 없을 만큼 비극적이었다. 전쟁통에 어머니 뱃속에서 나와 5살 어린 나이에 아버지 손에 목숨을 잃을 뻔했고, 7살 때 어머니한테 버림을 받았다. 거지가 되어 5년을 떠돌다 붙잡혀 간 곳은 지옥 같은 소년 강제 수용소 선감학원이었다.

그를 만난 것은 지난 6월 2일(2017년), 자기 집 거실인데도 그는 정장에 넥타이 차림이었다. 남자치고는 호리호리한 몸매에 가늘고 긴 손가락, 그리고 하얀 피부, 한눈에 보아도 병약한 모습이었다.

그는 기운 없어 보이는 목소리로 "며칠 전까지 꼼짝 못 하고 누워 있었어요. 대상포진에 걸렸었는데, 머리가 바늘로 쿡쿡 찔리는 듯 아프고, 정말 죽다가 살아났어요."라며 드라마 같은 자신의 인생을 담담하게 풀어 놓았다.

임 목사는 소설 『뭉치(생각나눔, 2012년, 최건수 지음)』의 실제 주인공이다. 소설 내용 대부분(90% 이상)이 사실이라는 게 임 목사 설명이다. 뭉치는 어머니를 뜻하는 뒷골목 인생들 은어다.

작가는 책 들머리에서 "이 소설을 집필하면서 열 번 이상을 울어야 했고, 세 번의 몸살을 앓아야 했다."라고 고백했는데, 십분 공감이 가는 말이었다. 그의 이야기를 들으며 나 또한 가슴 밑바닥이 뒤집힐 때 나오는 증상인 울컥거림을 수도 없이 느꼈기 때문이다.

그럴 때마다 '정말이냐고, 사실이냐고' 목청을 높여야 했다. 나도 모르게 호흡이 가빠졌다. 동공도 커졌을 것이고, 한숨도 새어 나왔을 것이다. 그가 웃는 얼굴로 이야기하지 않았다면, 어쩌면 듣는 것을 중간에 포기했을지도 모른다.

:: 어머니의 결사적인 저지로 목숨은 건졌지만

"목을 누가 콱 누르는 것 같아서 깨어 보니 제가 대들보에 대롱대롱 매달려 있는 거예요. 목에는 밧줄이 감겨 있었고요. 아버지가 저를 교수형 시키려 한 것이죠. 한밤중이었어요. 어머니가 잠시 자리를 비운 사이에 그런 것 같아요. 그때 받은 충격으로 저는 지금도 '아버지'라는 개념을 알지 못해요. 아버지라는 존재가 무엇인지를 모르겠어요."

다행히 불길한 낌새를 느끼고 달려온 어머니의 결사적인 저지로 그는 목숨을 건질 수 있었지만, 이것이 끝이 아니었다. 그의 성장기를 통째로 갉아먹은 시련의 전주곡이었을 뿐이다. 아버지가 어린 아들에게 끊임없이 저주를 퍼부었고 죽이려는 시도를 멈추지 않아서다.

이 일 이후 그는 아버지가 있는 집에서 잠을 잘 수 없었다. 아버지가 악귀 같은 모습으로 나타나 언제 또 목을 조를지 알 수가 없어서다. 그래서 이웃집을 전전하며 동냥 잠을 자야 했고, 죽음의 공포와도 끊임없이 싸워야 했다.

그때는 아버지가 도대체 왜 그러는지 이유도 알 수 없었다. 먼 훗날 그의 어머니와 씁쓸한 재회를 하고 나서야 아버지가 어째서 자기를 죽이려 했는지 정확하게 알 수 있었다.

"아버지는 부패한 경찰이었어요. 산에 있는 나무를 몰래 베어다 팔아먹고 그 돈으로 노름하고, 술 먹고, 계집질하고. 그렇게 방탕하게 살다가 30대 초반이라는 젊은 나이에 폐병을 얻었어요. 죽게 된 거죠. 어느 날, 돌중 하나가 집에 와서 몇 푼 뜯어가면서 하는 말이, 저한테 살이 끼어서 아들인 제가 죽어야 아버지가 살 수 있다고. 이 미련한 양반이 사기꾼 돌중 거짓말에 속아서는 친아들 목에 밧줄을 걸어버린 거예요."

동냥 잠을 전전하며 보낸 불안한 2년이 흘러 소년 임용남은 7살이 되었다. 그를 둘러싼 환경은 훨씬 더 나빠져 있었다. 아버지 병세는 가망이 없을 정도로 심해졌고, 살림살이는 쌀독이 바닥을 드러낼 정도로 어려웠다. 젊은 어머니는 남편 병간호와 어린 자식 끼니 챙기기에 지칠 대로 지쳐 있었다.

어느 날, 어머니는 큰아들 용남이에게 새 옷을 입혔다. 아직 젖먹이인 용남이 남동생은 둘러업었다. 아무것도 모르는 어린 용남이는 어머니와의 나들이에 기분이 달떴다. 그 길이 어머니와의 이별 길인 줄 알았다면 그렇게 기쁜 마음으로 기차에 몸을 싣지는 않았을 것이다.

∷ 7살 어린 아들 손을 뿌리치고 떠난 어머니

어머니가 향한 곳은 서울역 부근에 있는 어느 보육원이었다. 어머니는 곤란한 처지를 설명하며 7살 용남이를 맡아 달라 사정했지만, 돌아온 것은 "전쟁고아도 넘쳐서 다 수용하지 못한다."는 짜증 섞인 말뿐이었다.

눈치가 빨랐던 소년 임용남은 어머니 치맛자락을 붙잡고 눈물을 뿌렸다. 최대한 서럽게 울었다. 그래야 어머니가 자기를 버리지 않을 것 같아서다. 그러나 어미와 떨어지지 않으려는 그 애절한 몸짓을 어머니는 끝내 외면해 버렸다.

수심이 가득한 얼굴로 여기저기 돌아다니던 어머니는 용남이의 손을 잡고 서울역으로 갔다. 어머니는 "먹을 것을 사올 테니 꼼짝 말고 기다리라."고 했다. 소스라치게 놀란 용남이는 어머니 치맛자락을 붙잡고 매달렸다.

그러나 어머니는 짜증 섞인 목소리로 "빵이라도 사 올 테니 기다리라니까."라는 말을 남기고 사람들 속으로 사라졌다. 어머니가 돌아오지 않을 것 같아서 불안하긴 했지만, 어머니를 화나게 하면 정말 자기를 버릴 것 같아서 치맛자락을 놓지 않을 수 없었다.

"그곳에 저를 버린 거예요. 저보다 더 어린 동생은 데려갔고요. 병든 아버지와 저를 버리고 도망친 거죠. 어머니가 그렇게 도망치고 얼마 안 돼서 아버지도 돌아가셨다고 합니다. 이 또한 세월이 한참 흐른 뒤에 알게 된 사실이죠. 아무리 기다려도 엄마는 돌아오지 않았어요. 하지만, 돌아오지 않는다는 것을 알면서도 그 자리를 뜰 수는 없었어요. 마음이 바뀐 엄마가 제가 없는 사이에 돌아와서 저를 찾으면 어쩌나 하는 생각 때문이었죠."

7살은 엄마라는 존재가 세상 전부인, 어리고 어린 나이다. 느닷없이 엄마를 잃은 아이가 할 수 있는 일은 우는 것뿐이었다. 아무리 울어도 힐끔거리며 쳐다보기만 할 뿐 누구 하나 거들떠보지 않았다. 전쟁고아가 바글대던 시기라, 사람들에게 어느 정도 익숙한 풍경이었기 때문이다.

소년 임용남은 서울역에서 꼬박 3일을 보내며 엄마를 기다렸다. 이른 봄의 한기가 뼛속을 파고들었고, 뱃가죽이 등에 붙을 정도로 허기가 졌다. 그렇게 사흘을 보낸 뒤에야 소년 임용남은 기다린다는 게 부질없는 일임을 깨닫고 힘겨운 발걸음을 옮겼다. 그의 발걸음은 엄마를 향해 있었다. 자기를 버린 야속한 엄마였지만, 7살짜리가 할 수 있는 일은 엄마를 찾는 것뿐이었다.

그는 엄마를 찾기 위해 하루에 수백 명의 얼굴을 확인하고 다녔다. 그러나 엄마는 없었다.

"살면서 제 인생을 망가뜨린 이들이 누구인가를 많이 생각했어요. 원수 1호는 바로 그 돌중입니다. 해괴한 말로 한 가정을 풍비박산 냈으니까요. 2호는 그 말에 속아서 저 살자고 아들을 죽이려 한 이기적인 아버지이고요. 고생을 이기지 못하고 어린 저와 병든 아버지를 버린 어머니가 바로 원수 3호입니다."

정말
견디기 힘든 게
성폭력

_ 어머니에게 버림받은 7살 소년 임용남은 서울역 인근 남대문시장에서 국화빵 몇 개를 얻어먹은 것을 시작으로 걸인 생활로 접어들었다. 한뎃잠을 자고 구걸해서 배를 채우면서 유령처럼 도시를 떠돌았다. 그래도 엄마를 찾는다는 목표가 있어 참을 만했다.

추위를 피하려고 우연히 찾아 들어간 다리 밑 거적때기 오두막에서 걸인 노인을 만났다. 그와 함께 생활하면서 '잘 빌어먹는 법'을 터득했다. 혼자서도 충분히 살아갈 수 있다는 자신감이 생기자, 그는 걸인 노인과 헤어져 엄마 찾기에 나섰다. 본격적인 유랑을 시작한 것이다.

문산, 의정부, 안양, 인천, 부평…. 발길 닿는 곳이면 어디든지 갔다. 다리가 천근만근 무거워질 때마다 '아들 버린 것을 후회하며 엄마도 지금쯤 나를 찾고 있을 것'이라 상상했다. 이 상상만 하면 다리에 힘이 붙었다.

거리에서 만난 형들(걸인)과 어울리다가 범죄에 휘말려 파출소 신세를 지기도 했다. 형들이 도둑질하는 현장에서 망을 본 것이다. 다행히 나이가 어려 감옥이 아닌 보육원에 보내졌다. 부평에 있는 에덴 보육원이다. 하지만 그곳에 머물러 있을 수는 없었다. 엄마를 찾는다는 목표가 있었기 때문이다.

에덴 보육원을 탈출한 그가 향한 곳은 경기도 수원이다. 얻어먹고 한뎃잠을 자며 수원에서 한 달가량을 버텼다. 자연스럽게 다시 걸인의 길로 들어선 것이다. 그러던 어느 날 맞춤한 잠자리를 찾아 누우려던 찰나였다.

"팔달산 근처였어요. 경찰이 저를 손짓하며 부르는데, 잘못한 일이 없는데도 가슴이 철렁 내려앉는 거예요. 그 경찰이 저를 다짜고짜 지서로 끌고 갔고, 다음 날 아침 수원 군청(시청)으로 넘겼어요. 그곳에 도착해 보니 '전국 부랑아 일제 단속 기간'이라는 커다란 글씨가 붙어 있었어요. 그제야 저를 왜 끌고 왔는지 알 수 있었죠."

소년 임용남은 여기저기서 붙잡혀 온 30여 명의 아이들과 함께 선감도로 끌려갔다. 1963년, 그의 나이 만 12살 때다. 소년들은 죄가 있어서 끌려간 게 아니었다. 운이 나빴을 뿐이다. 죄가 있다면 부모에게 버림받았다는 것, 배가 고파서 밥을 얻어먹었다는 것, 잠 잘 데가 없어 한데서 잤다는 것, 그러다 보니 옷이 무척 남루하다는 것뿐이다.

1998년경부터 선감학원의 진상을 조사한 정진각 안산지역사연구소 소장에 따르면, 당시는 쿠데타에 성공한 군사정권이 아이들을 무더기로 잡아서 수용하던 때였다. 이른바 '후리가리(일제 단속)'라고 해서, 100명을 잡아넣으라는 지침이 떨어지면 어떻게든 채워 넣어야 하는 그런 시기였다. 그래서 부랑아도 아니고 고아도 아닌, 부모가 멀쩡하게 있는 아이를 유괴하다시피 해서 끌고 간 경우도 허다했다.

∷ 폭력은 일상, 구걸해서 먹는 밥보다 못한 식사

선감학원은 걸인 생활보다도 못한 그야말로 지옥이었다. 구걸해서 먹는 것보다도 못한 식사가 나왔고, 매타작당하는 것은 일상처럼 돼 있었다. 자유는 없었고, 그 대신 집단생활에서 오는 고단함만 그득했다.

정말 견디기 힘든 것은 성폭력이었다. 어리고 곱상하다 싶으면 영락없이 검은 손이 뻗어 왔는데, 소년 임용남도 예외일 수 없었다.

"그게 제일 힘들었어요. 자존심도 많이 상했고요. 엄청난 폭력 앞에 무릎을 꿇은 거죠. 밤만 되면 지옥이에요. 함께 잠을 자는 막사 안에서도 그 짓을 했고, 산에 끌고 가서 하기도 하고. 아파도 소리 못 질러요. 곡괭이 자루로 때리고, 낫이나 칼로 찌른다고 위협하니까요. 그때 총이 있었다면 다 쏴서 죽였을 거예요. 도저히 안 되겠다 싶어서 죽기를 각오하고 미친 듯이 반항을 하니까 그때야 그들이 그 짓을 멈췄어요. 나중에 성인이 돼서 감옥에도 갔었는데, 그곳이 선감학원보다 훨씬 나았어요."

그들은 막사에서 힘이 있는 계층인 사장(막사의 장), 반장 같은 스무 살 정도 된 청년들이었다. 가해자는 천국이었을지 모르지만, 피해자는 지옥이었다고 임 목사는 회상했다.

"그 사람들은 그 안에서 누릴 수 있는 것을 다 누렸어요. 권력, 섹스 등. 쌀밥도 마음껏 먹을 수 있었고요. 힘없는 어린아이들을 노예로 부릴 수 있었으니, 그들은 어쩌면 밖으로 나가기 싫었을 수도 있어요. 다리 주무르기부터 빨래, 잔심부름까지 다 해주었거든요. 그 시절에 어디 가서 쌀밥을 먹고, 어디 가서 그런 대접을 받을 수 있었겠어요?"

그러나 힘없는 소년 임용남에게 그곳은 지옥이었다. 엄마를 찾을 수 없어서 더 견디기 힘들었다. 그가 선택할 수 있는 것은 탈출뿐이었다. 탈출하려면 목숨을 걸어야 했지만, 그는 개의치 않았다.

결국, 그는 7번이나 탈출을 시도해 자유를 얻게 된다. 6번째 탈출에도 성공했지만, 수원에서 다시 일제 단속에 걸려 선감학원으로 끌려가는 불운을 겪기도 한다.

:: 잦은 탈출, 주의할 인물로 찍혀서…

선감학원에 온 지 채 10일도 지나지 않아 소년 임용남은 탈출을 결심했고, 몇 달 뒤 첫 탈출을 감행했다. 그러나 바닷가를 서성이다가 한 뱃사람 눈에 띄어 바다에 발도 담그지 못하고 실패했다. 뱃사람 만류로 바다에 뛰어들지 못하고, 그와 옥신각신하는 사이에 선감학원 사감 선생 등에게 붙잡힌 것이다.

붙잡혀 와서는 죽도록 맞았다. 곡괭이 자루로 맞았고, 쌀부대 같은 데 집어넣고 몰매를 가하는 '부대말이'도 당했다.

두 번째 탈출은 치밀한 계획에 따라 이루어졌다. 화장실 문짝을 떼서 뗏목으로 이용한 것이다. 그러나 이도 역시 실패했다. 화장실 문짝으로 센 물살을 헤쳐 나가기는 애초부터 불가능했다. 바다에 떠서 오도 가도 못할 때 불행인지, 다행인지 지나가는 배가 있어 목숨은 구할 수 있었다.

역시 몰매가 뒤따라 왔다. 첫 번째 탈출 때보다 훨씬 센 강도였다. 겁도 없이 화장실 문을 뗐다며 사감 선생이 미친 듯이 회초리질을 했는데, 차라리 죽는 게 낫겠다 싶을 정도로 견디기 힘들었다.

선감도를 오가는 선박의 창고에 숨어든 게 세 번째 탈출이었다. 하지만 바다로 나가기도 전에 선주에게 들켜서 실패했다. 그 뒤로도 소년 임용남은 2년 동안 총 2번의 탈출을 더 감행했는데, 그 때문에 요주의 인물로 찍혀 밤에 화장실조차 마음대로 가지 못하는 신세가 되고 말았다.

그러나 소년은 탈출을 멈추지 않았다. 여섯 번째 탈출은 철저한 준비와 치밀한 계획에 따라 이루어졌다. 우선 죽을힘을 다해 수영 연습을 했다. 그 덕분에 수십 명이 선수로 참가한 선감학원 수영대회에서 6등이라는 좋은 성적을 거두기도 했다. 물때도 잘 맞춰 소년 임용남은 드디어 탈출에 성공했다. 선감학원에 끌려간 지 3년여 만이었다.

:: 탈출한 지 3일 만에 다시 일제 단속에 걸려서

그러나 기쁨도 잠시, 소년 임용남은 수원에서 또 경찰에게 붙잡히게 된다. 탈출한 지 약 5일 만이었다. 경찰에게 붙잡혀 파출소로 간 소년 임용남은 또 한 번 소름 끼치는 글자를 마주하게 된다. '전국 부랑아 일제 단속기간!'이라는 글이다. 3년 전에 일제 단속에 걸려 끌려가 죽을 고생 끝에 탈출했는데, 또 일제 단속에 걸린 것이다.

소년 임용남은 다시 선감도로 끌려가게 된다. 선감도로 가는 배 안에서는 자살하기 위해 바다로 뛰어들려 했지만, 경찰에게 가로막혀 그마저도 실패했다.

"그 참담함이란, 가슴이 무너진다는 게 어떤 심정인지 알 수 있었어요. 그저 죽고 싶다는 생각뿐이었어요. (탈출하기 위해) 헤엄치다가 차라리 고기밥이 되는 게 나았을 텐데 하는 생각도 들었고요."

소년 임용남을 기다리고 있는 것은 무시무시한 폭력이었다. 얼굴을 물에 처박은 다음 숨이 꼴딱 넘어가기 전에 꺼내주는 이른바 물고문은 정말 견디기 힘들었다. 물고문과 함께 가해지는 채찍질과 몽둥이세례도 끔찍했다. 시야가 흐려지는가 싶더니 어느 순간 필름이 끊기는 것처럼 아무것도 보이지 않았다. 깨어나 보니 양호실이었다.

"7번이나 탈출을 시도하면서도 무턱대고 바다로 뛰어들지는 않았어요. 그래서 목숨을 건질 수 있었고요. 그곳에 있는 3년 동안 10번 정도 죽음을 목격했는데, 대부분 도망치다 바다에 빠져 죽은 경우였어요. 정말 끔찍합니다. 몸은 퉁퉁 불어 있고, 조그마한 조개가 덕지덕지 붙어있고. 시체를 건지면 가마니에 둘둘 말아서 묻으면 그만이에요. 개죽음이죠."

이게 다
박정희 독재정권…

_ 죽도록 맞으며 물고문까지 당했지만, 자유를 향한 소년 임용남의 의지는 꺾이지 않았다. 오히려 더 강해졌다. 그의 마지막 탈출은 몇 달 뒤인 1966년 여름에 이루어졌다. 바닷물이 빠지는 시기와 수심이 얕은 곳을 잘 알고 있었기에 탈출은 그리 어렵지 않았다.

마지막 탈출은 그에게 수영을 가르쳐준 친구와 함께했다. 소년 임용남이 수영대회에서 6등이라는 좋은 성적을 거둘 때 1등을 한 친구다. 탈출에 성공한 뒤 둘은 헤어졌다. 친구는 고향 군산으로 갔고, 소년 임용남은 무작정 서울 동대문 쪽으로 향했다. 서울로 간 이유는 두 번이나 붙잡힌 수원에서 되도록 멀리 떨어지고 싶어서다.

선감학원을 탈출한 소년 임용남은 엄마를 찾아 헤매던 12살짜리 코흘리개가 더는 아니었다. 만 16세, 우리 나이로 17살 정도가 됐으니 제법 청년티가 나는 모습으로 변해 있었는데, 외모보다 더 많이 변한 것은 그의 내면이었다.

"그때부터 어쩐 일인지 눈물이 나지를 않았어요. 엄마를 향한 그리움이 증오로 변해서 만나게 되면 복수해야겠다고 작심하는, 정말 독한 사람으로 변한 거예요. 물론, 엄마를 찾을 마음도 없어졌고요. 선감도에서 겪은 그 모진 일이 저를 그렇게 만든 거죠."

탈출해서 자유를 찾기는 했지만, 서울에 그가 설 자리는 없었다. 신분이 불분명해 취직할 수도 없었고, 신분 증명이 필요 없는 허드렛일을 하려 해도 배운 기술이 없어 여의치 않았다. 그가 손쉽게 할 수 있는 일은 다시 거지가 되어 한뎃잠을 자며 밥 얻으러 다니는 것뿐이었는데, 다시 그 생활을 하기는 죽기보다 싫었다.

"깡패를 하든지, 소매치기를 하든지 선택해야 했어요. 집도 절도 없는 고아들이 쉽게 빠지는 유혹이죠. 저는 사람 두들겨 패는 깡패가 되고 싶지는 않았어요. 그래서 소매치기를 시작하게 됐는데, 제가 배짱이 좋고 손기술도 있었나 봐요."

소매치기 몇 년 만에 임용남은 그 계통에서는 꽤 알아주는 '꾼'이 되었다. 집념이 강하고 타고난 손기술이 좋았기 때문이다. 엄청난 연습 덕분이기도 하다. 면도칼로 신사복 찢는 연습만 수천 번을 할 정도로 그는 집념이 강했다.

그에게는 독종이라는 소문도 따라다녔다. 선감학원에서 당한 지독한 고통이 그의 눈물을 말린 탓이다. 소매치기하다 형사에게 붙잡혀 다리가 부러지는 상처를 입고도, 머리에 칼을 맞아 생살이 떨어지는 고통을 당하면서도 신음 한번 내지 않을 정도로 그는 독했다.

∷ 뒷골목 소매치기 인생이 목사로 변신하기까지

소매치기 인생 5년 차로 접어든 어느 날, 그의 인생을 뿌리부터 뒤바꿔줄 사건이 터졌다.

"3대째 깡패를 하는 집안 아들이었어요. 할아버지, 아버지도 깡패인 거죠. 나이는 저보다 4~5살 많았고요. 영화 보러 혼자 극장에 갔다가 그 패거리를 만났어요. 저를 극장 뒤편으로 끌고 가더니

'돈 좀 나눠쓰자'고. 싫다고 했더니 주먹이 날아왔어요. 당시 저는 다리에 칼을 하나 차고 다녔어요. 제 몸에 손가락 하나라도 대면 찌르겠다는 각오로 살 때였거든요. 그 칼로 그놈을 찔렀어요."

이 일로 임용남은 경찰과 깡패에게 쫓기는 신세가 됐다. 불행인지, 다행인지 그는 경찰에 붙잡혔다. 그를 면회 온 깡패들은 '창자에 구멍이 3개나 났으니, 나오면 우리가 죽인다'고 으름장을 놓았다. 그때야 그 깡패를 3번이나 찔렀다는 사실을 알 수 있었다.

그 경찰서에서 임용남은 자신의 과거를 알고 있는 사람을 만나게 된다. 경찰이었던 아버지의 옛 동료를 만난 것이다. 그를 통해 임용남은 그가 살던 곳이 경기도 양평이었다는 사실, 어머니가 떠나고 난 뒤에 아버지가 병으로 돌아가셨다는 사실 등 자기 일가의 내력을 알게 된다. 또한, 자기를 버린 어머니도 그의 도움으로 만나게 된다.

"1년 6개월 형을 마치고 나와서 어머니를 만났는데, 저는 어머니가 저를 만나면 무조건 미안하다고 할 줄 알았어요. 그런데 '아버지가 저를 죽이려 해서 어쩔 수 없었다'고 변명만 하는 거예요. 그래서 이야기하다 말고 그냥 자리를 박차고 나왔어요. 용서하고 싶은데, 용서해야 하는데, 그 용서라는 게 참 어렵고도 어려운 것이었어요."

그러나 용남 씨는 결국 어머니를 용서했다. 신앙의 도움이 컸는데,

그 튼실한 신앙의 싹은 감옥에서 움트기 시작했다.

"성탄절이었는데 어떤 목사가 신자들을 데리고 와서 노래를 하는 거예요. 귀 기울여 들어봤더니 '예수 믿으면 구원을 얻는다'고! 이 말 듣고는 코웃음을 쳤어요. 생각해 보세요. 부모에게 버림받은 제가 신이 있다고 믿었겠어요? 그래서 속으로 '주려면 수천만 원을 주지, 고작 9원이 뭐야!' 이런 식으로 조롱했죠. 그런데 이상하게 그때부터 마음이 끌리는 거예요. 믿으면 정말 구원받을 수 있을까 하는 생각이 자꾸 들고요. 그래서 성경책을 읽기 시작했지요."

23살에 감옥에서 나온 용남 씨는 어둠의 세계와 완전히 발을 끊었다. 그 대신 미친듯이 성경을 공부해 우여곡절 끝에 신학대학에 들어가 전도사가 되었다. 여의도 대규모 기독교 집회에서 만난 부인과 결혼해 안정적인 가정을 이루었고, 예쁜 딸도 얻었고, 38살 무렵에는 목사 안수도 받았다.

:: 제 딸을 목숨 걸고 사랑하게 해주세요

딸을 얻고 난 뒤에 용남 씨는 하루도 빼놓지 않고 '딸을 제발 목숨 걸고 사랑하게 해 달라'고 기도했다. 어린 시절 학대를 받고 자란 자신이 행여나 자기 딸에게 그것을 돌려줄까 봐 두려웠기 때문이다.

"기도가 통했는지 딸을 정말 애지중지 키웠어요. 기도대로 목숨 걸고 사랑한 것이죠. 제 인생을 통틀어 참 잘한 일을 꼽으라면 바로 이거예요. 딸을 사랑한 것. 받은 대로 돌려준다고 제 딸도 자기 딸한테 아주 잘합니다. 저한테는 손녀딸이죠."

임용남 목사가 성장기에 겪은 일은 사실이라 믿기 어려울 정도로 참혹했다. 죽지 않고 살아서 지난 일을 담담히 이야기할 수 있다는 사실만으로도 충분히 '드라마틱'했다. 그의 인생 여정은 긴 독재의 터널을 지나온 우리 현대사의 축소판이기도 했다. 그도 이 사실을 잘 알고 있었다.

"이게 다 박정희 독재 정권 때 일어난 일이에요. 군사 쿠데타 이후에 가장 많이 끌려갔으니까요. 국가 폭력인 거예요. 그러니 지금이라도 국가가, 국가를 대표하는 대통령이 선감학원에서 죽은 아이들이 묻힌 공동묘지(선감 묘역)에 와서 사과를 해야 합니다. 박정희, 육영수, 박근혜 모두 비극적인데 너무 많은 억울한 사람을 만들어서 그럴 수 있어요. 선감학원도 그렇고, 뻑 하면 남산으로 끌고 가서 죄 없는 사람 죽인 것도 그렇고. 성경에 보면 억울하게 죽은 사람이 하나님한테 그 억울함을 호소하는 게 나와요. 그 소리 듣고 하나님이 (박정희 전 대통령 일가한테) 벌을 주었을 수도 있어요."

악 몽

그 여자
슬리퍼 끄는 소리

_ "제 말 안 믿어지죠?"

이 말에 무심코 "네!"라고 대답했다가 대화가 끊길 뻔했다. 그는 "그럼 그만합시다. 믿지 못하는 사람한테 말해서 뭐해!"라며 실망스러운 듯 입 언저리를 씰룩거렸다. 다행히 잠시 뒤 감정을 추스른 듯 다시 말을 이었다.

"혹시, 증거가 될 만한 서류 같은 거 없나요? 저는 사실만을 써야 하니까요!"

이렇게 말했다가 또 대화가 끊길 뻔했다. 그는 "내 말을 믿지 못하겠다는 건가요? 실수하셨네!"라며 다시 입을 닫았다. 급히 "그런 뜻이 아니고, 증거가 있으면 더 신뢰할 수 있으니까요. 어쨌든 불쾌했다면 사과합니다."라고 수습 멘트를 날렸다. 그는 "뭐 그렇다고 사과할 일은 아니고."라며 다시 입을 열었다.

"바쁘시겠지만, 내 평생 한이니까. 내 얘기 좀 들어줘요. 죽음으로 증명하라고 하면 나 죽어 드릴게."

내 얼굴에 '불신의 빛'이 어렸던 것일까? 아니면 조급함이 서렸던 것일까? 그가 소리치듯 한 느닷없는 말에 정신이 퍼뜩 들었다. '잘 듣고 있어요'라고 해야 하는데, 입에서 떨어지지 않았다. 인터뷰가 5시간 넘게 이어지면서 나 또한 지쳐가고 있었던 탓이다. 소리를 한 번 치고 난 뒤에 속이 후련해졌는지, 그는 믿어지지 않을 만큼 처절한 자신의 인생 이야기를 다시 이어나갔다.

지옥의 소년 수용소 안산 '선감학원'과 한국의 홀로코스트로 알려진 부산 '형제복지원'을 모두 거친 태장희(52세) 씨와의 대화는 이렇게 '이어질 듯 끊어질 듯' 아슬아슬하기만 했다. 그래도 끊어지지 않고 7시간 넘게 이어졌다.

인터뷰를 정말 힘들게 한 것은, 이러다가 숨이 멎는 게 아닐까 할 정도로 걱정스러운 그의 열악한 건강 상태였다. 갑자기 힘이 몽땅 빠져나가 버린 듯 목소리가 잠겨 들기도 했고, 폐가 찢겨 나가는 듯한 지독한 기침을 해대기도 했다. 그럴 때마다 '공연한 일을 벌여 너무 고통스럽게 하는 게 아닐까?' 하는 미안함이 밀려왔다.

:: 육신은 죽어 가는데 정신은 놀라울 만큼 명료

그를 지난 6월 28일(2017년), 대전에 있는 그의 아파트에서 만났다. 만나자마자 '인터뷰가 정말 가능할까?'라는 걱정이 앞섰다. 병색이 깊어 보여서다. 오른쪽 눈은 거의 감겨 있고, 다리는 '코끼리 다리'처럼 부풀어 있었다. 스타킹 사이로 보이는 다리 빛깔은 거무죽죽했다.

그를 괴롭히는 병마는 뇌종양, 심부전 등 듣기만 해도 혀를 차게 되는 무시무시한 것들이다. 그가 내민 진단서(2013년 발급)에는 '고혈압, 당뇨, 통풍, 심부전, 진폐증, 뇌종양'이라는 병명이 적혀있었다. "호흡곤란 등의 증상으로 인하여 일상생활의 어려움이 있을 수 있으며, 급사의 위험이 있다."라는 의사의 소견도 있었다.

이 병마와 그는 수년째 함께 살고 있다. 의사는 이미 진단서를 발급한 지난 2013년에 "길어야 3~6개월 정도 살 수 있으니 (삶을) 정리하라."고 했다. 하지만 그는 지금도 살아 있다. 더군다나 그의 정신은 놀라울 정도로 또렷했다.

"내 몸은 이미 죽어 있어요. 그때(2013년)는 그래도 시력은 있었는데, 지금은 시력도 거의 없어요. 누우면 숨을 쉴 수가 없어 눕지도 못해요. 이 상태로 수년을 버티고 있는 겁니다. 저는 인간이 겪을 수 있는 (고통의) 한계치를 이미 넘어 섰어요. 어째서 저에게 24시간 고통받으면서, 잠 한 번 편히 잘 수 없는데, 이토록 명료한 의식을 지금까지 주시는지? 이 몸을 가지고 버티며 혼신의 힘을 다해 이야기한다는 것만 알면 좋겠어요."

이 말과 함께 그의 처절한 인생 이야기가 시작됐다. 그가 태어난 곳은 서울 돈암동이다. 그의 어머니는 그를 낳다가 돌아가셨다. 네 살 터울 그의 형과 그를 잠시 이모가 맡아 길렀지만, 생활이 어려웠던지 어느 날 그를 홍씨 성을 가진 아들 없는 종갓집 '업둥이'로 보내 버렸다. 포대기에 싸서 홍씨 대문간에 버린 것이다.

이것도 장성한 그가 일본에서 사업에 성공해 한때 잘 나갈 때 사설 탐정을 고용해 알아낸 사실이다. 그 전에는 이마저도 알지 못했다.

:: 치매 걸린 할머니 송곳으로 찌르라 강요, 갈가리 찢긴 동심

그의 양부모는 그에게 홍장희라는 이름을 지어주기는 했지만, 그를 홍씨 집안 자식으로 인정하지는 않았다. 업둥이를 내몰면 재수가 없다는 속설이 두려워 마지못해 받아들이긴 했지만, 사실상 노예와 다름없는 취급을 했다.

"누군가 저를 안아준 기억이 없어요. 늘 맞을까 봐 두려웠고요. 그곳에서 10살, 광명 초등학교 3학년까지 다니다 도망쳤는데, 지금도 도망치던 날 기억이 생생해요. 어렸을 때는 그 날 일이 악몽이 되어 자주 나타나기도 했고요."

그를 심하게 학대한 것은 양어머니였다. 학대는, 그의 양할머니가 치매에 걸리면서 본격적으로 시작됐다.

"완전히 역전이 된 거죠. 논 두 마지기에 팔리듯 시집와서는 아들 못 낳는다고 시어머니한테 엄청난 학대를 받다가 치매에 걸리자마자 복수를 시작한 거예요. 툭하면 아무 이유 없이 할머니를 꼬집고 깨물고. 전 무서워서 말릴 수도 없었어요. 나중엔 송곳으로 찌르기까지 했는데, 언제부턴가 저한테 찌르라고 강요하는 거예요. 하지 않으면 그 송곳으로 저를 찔렀고요. 무서움에 덜덜 떨며 할머니를 찌르면서 제 동심은 갈가리 찢어졌고요."

할머니가 돌아가시자, 양어머니의 학대는 극단으로 치달았다.

"남편이 툭하면 새벽에 들어왔는데, 그때까지 저를 무릎 꿇려 놓는 거예요. 밥도 못 먹게 하고요. 힘들어서 다리를 풀면 그 두꺼비 같은 손으로 '빡!' 그러면 저는 그냥 날아가요. 정말 두려운 것은 그 여자 슬리퍼 끄는 소리였어요. 그 소리만 나면 저는 숨이 막혔어요. 넥타이를 제 목에 감고 발로 제 어깨를 누른 뒤 당겼는데, 혀가 다 빠져 거품 물고 죽게 될 정도가 되면 놓아주기를 반복하는 거예요. 이거 한참 하다 지치면 돌아가요. 그러니 밤에 잠을 잘 수가 없지요. 너무 어리니 대항할 수도 없고, 분노할 줄도 모르고. 그저 두렵기만 한 거죠. 도망칠 때까지 제 일상이 이랬어요."

어느 날, 어린 홍장희가 "(학교에서) 엄마 모시고 오라고 했어요!"라고 말하자, 양어머니의 얼굴이 무섭게 변했다. 양어머니의 손에는 불에 벌겋게 달궈진 연탄집게가 들려 있었다. 그의 몸을 숱하게 아프게 했던 무서운 연탄집게였다. 그가 10살 된 해 겨울에 벌어진 일이다.

"5원짜리 동전을 꺼내려고 학교 스케이트장 얼음을 깬 적이 있는데, 그 일로 학교에서 흠씬 두들겨 맞았고, 엄마 모시고 오라는 말도 들었어요. 그 말을 전하자 그 시뻘건 연탄집게로 제 배를 인정사정없이 찔러 버렸어요. 갈 데까지 간 거죠. 가학증은 갈수록 심해지잖아요."

∷ 개밥 뺏어 먹으며 서울역까지

그때 "도망쳐!"라는 다급한 소리가 들렸다. 세 들어 살던 새댁이었다. 소년의 머리에 '왜 그 생각을 하지 못했을까?'라는 생각이 스쳤다. 새댁은 "애한테 도대체 왜 그러느냐?"고 악을 썼다. 그러고는 "너 여기 있으면 죽는다."라고 소리치며 소년의 등을 떠밀었다. 소년은 죽을 힘을 다해 대문으로 내달렸다. 양어머니가 무어라 소리치며 그의 뒤를 쫓았다. 그러는 사이 신발 한쪽이 벗겨졌다.

소년은 그 길로 버스를 얻어 타고 서울 관악구 신림동까지 도망쳤다. 시장통에 떨어져 있는 배추 잎사귀를 주워 먹으며 허기를 달랬고, 그 잎사귀에서 나온 즙으로 살에 눌어붙은 옷을 떼어냈다. 그러나 세상은 10살 어린아이를 자유롭게 놓아두지 않았다. 그는 시장 경비원 신고를 받고 출동한 경찰에게 붙잡혀 신림동 파출소를 거쳐 봉천동에 있는 한 아동보호소에 가게 된다.

그곳은 천국이었다. 다정하게 손을 잡아주는 여자 선생님이 있었고, 먼저 말을 걸어준 예쁜 여자아이도 있었다. 그러나 오래 있을 곳은 아니었다. 친절한 여자 선생님은 집 전화번호를 대라고 끈질기게 설득했고, 그는 결국 집 전화번호를 말해버렸다. 다음 날, 그의 양부모 모습이 그의 눈에 들어왔다. 숨이 막혔다. 끌려가면 죽는다는 두려움이 목을 죄었다.

그는 죽을힘을 다해 뒷산으로 뛰었다. 밤낮없이 뛰다 보니 서울 동작구 흑석동이 나왔고, 한강 다리를 넘자 서울역이라는 곳이 나타났다. 서울역까지 가는 동안의 배고픔은 견공들이 해결해 줬다. 머리를 쓰다듬으며 "미안해, 미안해." 하자 인심 좋게도 견공들은 자기의 밥을 빼앗어 먹는 소년을 물지 않았다.

이것으로 그와 양부모와의 인연은 끝이 났다. 먼 훗날 마흔 줄이 넘은 홍장희가 병으로 갑자기 쓰러져 생사의 갈림길에 있을 때 딱 한 번 홍씨 일가와 연락이 닿기는 했다. 그러나 그것은 지독한 악연이라는 것을 다시 한번 확인한 일이었을 뿐이다. 양부모인 홍씨 집안에 연락한 것은 병원이었다. 호적상 아들이었기 때문이다. 홍씨 측에서는 매정하게도 병마에 휩싸인 홍장희에게 '그런 아들 없다'며 '유산 상속 문제도 있으니 호적을 파가'라고 요구했다. 이것이 그의 이름이 홍장희에서 태장희로 바뀐 이유다.

시신은
의대 실습용으로

_ 보호자 없는 10살 소년에게 서울역은 무서운 곳이었다. 고사리손을 노리는 검은손이 곳곳에 깔려있기 때문이다.

'따닥' 하는 소리가 나자 소년 홍장희는 머리를 감싸 쥐었다. 넝마주이가 들고 다니는 집게가 그의 머리를 강타한 것이다. 넝마주이는 다짜고짜 소년의 뒷덜미를 잡아끌었다. 소년이 "왜 그래요, 왜 그래요?" 하며 끌려가지 않으려 안간힘을 쓰자 넝마주이는 자신의 발뒤꿈치로 소년의 발등을 사정없이 내리찍었다. 소년은 아픈 발을 만질 새도 없이 깨금발을 한 채 넝마주이 손에 질질 끌려갔다.

소년이 끌려간 곳은 서울역 앞 창녀촌 인근에 있는 근로 재건대 4소대라는 넝마주이 본거지다. 까불이라는 별명의 넝마주이가 대장이었다. 앵벌이 소년·소녀와 넝마주이 40여 명이 기거하고 있었는데, 소년에게 그곳은 아주 낯선 세상이었다.

"앵벌이를 나가기 전에 교육을 하는데, 외울 게 정말 많았어요. '어머니는…' 42년이 지났는데도 잊히질 않아요. 이거 한 다음에 「타박네야」 같은 노래 몇 곡 부르고, 그다음에 손을 내미는 거지. 부끄럼을 떨치게 하려고 일주일 넘게 소주를 한 대접씩 강제로 먹였는데, 토하고 세상이 빙빙 도는 경험을 반복하게 되면 그 일(앵벌이)이 꼭 100년 전부터 내가 했던 일처럼 익숙해져 버려요."

앵벌이에게는 할당이 있었는데, 하루 5천 원이었다. 그 돈을 바치지 않으면 몽둥이가 날아왔다. 도망치지 못하게 하려고 발을 주로 때렸는데 발바닥도 아프지만, 발가락, 특히 새끼발가락을 맞을 때는 정말 견디기 힘들었다.

소질이 있었는지, 소년 홍장희는 돈을 아주 잘 버는 앵벌이로 커갔다. 그가 구슬픈 멘트를 날리고 노래를 부르면 한 달 내내 공장에서 먼지 마시며 번 돈을 봉투째 손에 쥐여주는 누나도 있을 정도였다. 차마 그 돈을 받을 수 없어 '주지 말라'고 속삭였다가 감시자인 '야방이'에게 들켜 일주일 내내 죽도록 맞은 적도 있다. 그래서 할 수 없이 절제해야 했다. 덜 슬프게 이야기하고, 덜 슬프게 노래하는 절제를.

∷ 12살 어린 나이에 몸을 팔아야 한 앵벌이 소녀들

12살에서 16살 정도 되는 앵벌이 소녀들도 있었다. 소녀들은 그 어린 나이에 몸도 팔았다.

"손님을 받고 나면 몇 푼 떨어지는 돈으로 과자도 사주고, 심하게 맞으면 말려주기도 하는 착한 누나들이었는데. 어떤 누나는 내가 하도 맞으니까 그만 때리라고 대들다가 맞아서 눈알이 빠지기도 했어요. 그런데 이름도 모르고!"

내 얼굴에서 불신이 엿보인 것일까? 그는 '믿기 어렵겠지만, 공장에 돈 벌러 온 여자 붙잡아서 윤간한 다음 창녀촌에 팔아먹고, 남자는 잡아서 새우젓 배에 팔고, 어린 애들은 관절 부러뜨려서 앵벌이 시키고 하던 그런 시절 이야기'라는 설명을 덧붙였다.

앵벌이 생활이 싫어 여러 번 도망을 쳤지만 의지할 곳 하나 없는 10살 꼬마가 숨을 곳은 그 어디에도 없었다. 청량리로 도망쳐도, 성북동으로 도망쳐도, 어떻게 알았는지 그들(넝마주이)은 귀신같이 찾아냈다. 어느 날인가는 넝마주이가 아닌 경찰이 소년 홍장희를 붙잡았다. 경찰은 그를 응암동 '서울 아동보호소'에 넘겼는데, 그곳은 근로 재건대보다 더 험한 곳이었다.

"거기 가니까 이상한 놈들이 더 많은 거예요. 열대여섯 살 먹은 놈들인데 길거리에서 닳고 닳은 악마 같은 놈들이라, 인간이 절대 해서는 안 되는 일을 다 시키는 거예요. 항문 성교는 기본이고, 입으로 그곳을 빨게 하고, 밥도 뺏어 먹고. 수사·수녀들이 운영하는 곳이었는데 그들도 두려웠어요. 걸핏하면 탁구 채 같은 거로 때리니까요. 제일 힘든 거는 갇혀 있다는 것이었고요. 앵벌이 할 때는 그래도 내 발로 어디든 걸어다닐 자유는 있었거든요."

소년 홍장희는 이때부터 탈출하고 붙잡히기를 반복한다. 서울 아동보호소를 탈출했다가 근로 재건대에 붙잡혀 죽도록 맞은 다음 다시 앵벌이를 하고, 그러다가 경찰에 붙잡혀 다시 서울 아동보호소에 갔다.

∷ 부랑인 청소, 철권통치로 무너진 정권의 정당성 회복

그런데 어째서 경찰은 거리의 소년들을 이렇듯 결사적으로 잡아들인 것일까?

그 이유는 그 당시 박정희 정권이 영구 독재를 하기 위한 철권통치를 했기 때문이었다. 거리의 소년 홍장희가 경찰에게 툭하면 붙잡힌 75년 당시는 유신독재의 절정기인 이른바 긴급조치 시대였다. 긴급조치는 대통령 명령 하나로 국민의 기본권을 제한할 수 있는 초헌법적 조치다.

이렇게 전 사회적으로 통제가 강화되는 분위기 속에서 시행된 게 부랑아 등을 잡아 가둘 수 있는 근거인 내무부 훈령 제410호(부랑아의 신고, 단속, 수용, 보호와 귀향 및 사후 관리에 관한 업무지침)다.

그렇다면 부랑아를 잡아 가둠으로써 박정희 정권이 얻을 수 있던 것은 무엇이었을까?

그것은 철권통치로 인해 무너진 '정권의 정당성과 존재 이유회복'이었을 것이다. 역대 독재 정권이 민심을 얻기 위해 부랑인 청소, 범죄 척결 등을 단골로 써먹었다는 것을 보면 알 수 있다. 또한, 반정부 인사를 탄압하는 수단으로 쓰였을 수도 있는데, 그것은 내무부 훈령 10조에서 정의한 부랑아의 정의를 보면 알 수 있다. 해석에 따라 거의 모든 시민이 부랑인이 될 수 있을 정도로 부랑인의 범위가 넓다.

부랑인: 일정한 주거가 없이 관광업소, 역, 버스 정류소 등 많은 사람이 모이거나 통행하는 곳과 주택가를 배회하거나 좌정하여 구걸 또는 물품을 강매함으로써 통행인을 괴롭히는 걸인, 껌팔이, 앵벌이 등 건전한 사회 및 도시 질서를 방해하는 자.

부랑인에 준하는 자: 노변 행상, 빈 지게꾼, 성인 껌팔이 등 사회에 나쁜 영향을 주는 자.

∷ 한국의 홀로코스트 '형제복지원' 사건의 진실

소년 홍장희가 자꾸 도망치자 서울 아동보호소 측은 그를 부산에 있는 '형제복지원'이라는 곳에 보냈다. 그곳은 거친 삶을 이어온 소년 홍장희에게도 차마 상상할 수조차 없는, 그야말로 지옥이었다.

"때리는 것도 차원이 달라요. 아무리 세게 맞아도 신음조차 낼 수 없어요. 앗! 소리라도 나오면 그건 죽음이에요. 말 안 들으면 결핵 환자가 있는 결핵 소대에 집어넣어요. 10일이면 결핵 다 옮아요. 병에 걸려 죽으면 그만이고요. 맞아 죽기도 하고, 병에 걸려 죽기도 하고…. 죽으면 병원에 의학 실험용으로 팔았고요. 먹는 건 또 어떻고요. 깡보리에 배추 소금국. '쇼팅(쇼트닝)'이라는 기름을 꼭 먹어야 했어요. 그걸 먹어야 얼굴에 기름기가 흐른다며, 강제로 먹였는데, 정말 니글니글합니다. 그거 안 먹어 봤으면 형제복지원 사람 아닌 거예요."

형제복지원에 관한 그의 기억은 대부분 사실로 밝혀졌다. '형제복지원 사건 진실규명을 위한 대책위원회(주)'가 지난 2013년 펴낸 「한국의 홀로코스트! 형제복지원 사건의 진실을 말한다」라는 사건 사례집에 그 참상이 잘 기록돼 있다.

"형제복지원은 전국 최대 부랑아 수용 시설로 지난 1987년 3월 22일 원생 1명이 맞아 죽고, 35명이 탈출하면서 그 실체가 세상에 알려졌다. 부랑인 선도를 명목으로 역이나 길거리에서 주민등록증이 없는 사람을 끌고 가서 불법 감금하고 강제노역을 시켰으며, 저항하면 굶기고 구타하거나 심지어 살해하여 암매장까지 하였다. 이렇게 해서 12년 동안 531명이 죽었다. 일부 시신은 300~500만 원에 의과대학 해부 실습용으로 팔려 나간 것으로 밝혀졌다. 원장 박인근은 매년 20억 원의 국고 지원을 받는 한편, 원생들을 무상으로 노역시키고 부실한 음식을 제공하여 막대한 금액을 착복

했다. 또한, 자신의 땅에 운전교습소를 만들기 위해 원생들을 축
사에 감금하고 하루 10시간 이상의 중노동을 시켰다. 이 사건으로
박인근 원장을 비롯한 직원 5명이 구속되었다."

- 사례집에 수록된 국가기록원 기록

그러나 이렇듯 천인공노할 일을 저지른 박인근 원장에 대한 처벌은
그야말로 솜방망이였다. 전두환 전 대통령을 비롯한 정치권의 비호 아
래 그는 수감 중에도 사우나를 하는 호사를 누리다가 2년 6개월이라
는 짧은 형을 받았다. 추징금도 없었다.

총탄에 날아간 자유

_ '앞으로 가, 우향 앞으로 가, 좌향 앞으
로 가, 뒤로 돌아가.'

희한하게도 형제복지원은 모든 게 군대식이었다. 관리자를 소대장이
라 불렀는데, 그들은 군복을 입고 전투화를 신고 있었다. 군인들이나
하는 제식 훈련도 거의 매일 받아야 했는데, 말이 좋아 훈련이지 사실
은 두들겨 맞는 시간이었다. 그래서 제식 훈련 시간에 친구와 이야기
한다는 것은 꿈도 꿀 수 없는 일이었다. 그러나 그 숨 막히는 공간에서

도 우정은 꽃피었다.

"가야라는 아이였어요. 이름은 몰라요. 서로 호감이 있었어요. 제 식 훈련을 하면서도 계속 눈빛으로 이야기했는데, 뭐가 통했는지 누가 먼저랄 것도 없이 정문 쪽으로 뛰었고, 7m 정도 되는 벼랑으로 뛰어내렸어요. 난 낙엽이 있는 데로 뛰어내려서 열 바퀴 정도 구른 다음 일어섰는데, 가야는 그냥 엎어져 있는 거예요. 가서 보니 얼굴이 다 뭉개져 있었어요. 착지를 제대로 하지 못해서 자기 무릎에 얼굴이 찍힌 거예요."

첫 탈출은 이렇게 해서 실패했다. 소년 홍장희가 11살 때 일이다. 홍장희는 목덜미를 잡혀 끌려갔고, 가야는 다리를 잡혀 시체처럼 끌려갔다. 지독한 매질이 시작됐다. 누군가 허리를 걷어차자 11살 소년은 공중으로 날아올랐다가 구석으로 처박혔다. 그래도 정신줄을 놓지 않고 살려 달라고 손을 비비는 순간 머리에 천둥·벼락이 떨어졌다. 곡괭이 자루였다.

정신을 차려보니 친구 가야가 옆에 누워 있었다. L자로 몸이 꺾인 채였는데, 눈이 하얗게 뒤집힌 채 숨만 헐떡거리고 있었다. 머리가 깨질 듯 아파 만져보니 머리카락이 아닌, 피 범벅된 머리 껍질이 만져졌다. 곡괭이 자루에 찍혀 머리 가죽이 벗겨진 것이다.

어디선가 라면 냄새가 났다. 소대장이 펄펄 끓는 라면을 들고 다가 왔다. 제대로 숨도 쉬지 못하는 가야 배를 그가 콱 밟았다. 가야 입이 벌어졌다. 그 입에 라면 국물을 붓자 가야 눈에서 김이 새어 나왔다. 가야 몸이 부들부들 떨리다가 이내 조용해졌다. 가야가 죽은 것이다. 다음은 홍장희 차례였다. 소년은 영혼의 찌꺼기까지 모아 살려 달라고 빌었다. 소대장은 가만히 노려보다가 "조용히 처박혀 있어."라고 차갑게 한 마디 내뱉고는 사라졌다.

∷ 형제복지원 탈출하자, 선감학원이라는 지옥이

이렇게 첫 탈출은 혹독한 대가를 치르고 실패로 끝났다. 그래도 포기할 수는 없었다. 채찍에 맞으면서 하는 가혹한 노동을 견딜 수 없었고, 공포스러운 분위기도 감당하기 어려웠다.

"직장도 있고, 가족도 있는 사람이었을 거예요. 술 마시고 벤치에 쓰러져 자다가 잡혀 왔는데, 집에도 안 보내주고 머리 박박 민 다음 매일 낚시공장에서 일만 시키니까 공개적으로 항의를 한 거죠. 원생들이 다 보고 있는데도 소대장이 그 사람 머리를 수도 없이 내리쳐서, '빡' 소리가 나고 두개골 다 깨졌는데도 그 머리를 군홧발로 밟고! 명백한 살인이죠. 그 사람 수박 됐을 거예요. 시체를 토막 쳐서 뒷산에 있는 송아지만 한 셰퍼드들한테 준다는 말이 있었는데, 그것을 셰퍼드한테 수박 준다고 했어요. 이 꼴보고 질리지 않을 사람이 있을까요? 그곳에서 숨을 쉬고 있다는 자체가 공포인 거예요."

탈출 기회는 1년여가 흘러 12살 때 찾아왔다. 합창단 일원이 되어 대회에 출전하기 위해 바깥세상으로 나왔을 때를 놓치지 않고 소년은 자유를 찾아 탈출을 감행해 성공했다. 형제복지원에 잡혀간 지 2년 만이었다.

소년은 익숙한 서울로 가지 않고 인천으로 향했다. 서울과 달리 인천에는 아이들 붙잡아서 앵벌이를 시키는 이른바 '양아치'가 거의 없다는 소문을 들었기 때문이다. 인천 여객 터미널에서 소년은 목발이라는 별명의 구두닦이를 만난다. 그는 다리 장애가 있어 실제로 목발을 짚고 다녔다. 한 끼만 먹여주고 기술을 가르쳐 달라고 사정하자 그는 흔쾌히 응했다. 나이 차이가 꽤 나지만 소년은 그를 형이라 불렀다. 이때부터 소년은 닦을 구두를 모아 구두닦이에게 가져다주는 이른바 '찍새'를 하게 된다.

"야, 너 이리와 봐!"

경찰이었다. 이 말이 소년을 다시 수렁으로 내던졌다. 구두닦이 스승인 목발이 출근하기를 기다리며 일할 준비를 하는 중이었다. 경찰은 다짜고짜 등 뒤에서 소년의 목을 감고는 팔을 꺾어 차에 밀어 넣었다. 채 5분도 안 돼 부두가 나왔고, 소년은 배에 실렸다. 도착한 곳은 지옥의 소년 수용소 선감학원이었다. 소년의 나이 13살, 형제복지원을 탈출한 지 1년도 안 돼 또 지옥에 가게 된 것이다.

:: 첫 탈출에 실패, 이틀 동안 축구 골대에 묶여

"형제복지원보다는 좀 덜했지만, 그곳도 지독한 노동과 폭력, 그리고 성폭행…. 어휴! 개척사와 창조사라는 숙소가 있었는데, 창조사는 좀 큰 애들이 있는 곳이고, 개척사는 저 같은 어린애들이 있는 곳이었어요. 창조사 애들이 밤마다 개척사 애들 데리고 가는 거예요. 한마디로 수청을 들게 하는 거죠. 워낙 험한 곳만 다니다 보니 저는 깡이라는 게 있어서 당하지 않았는데, 그렇다고 동생들 당하는 것까지 막아줄 수는 없었어요. 그 새벽에 어기적거리고 들어온 애, 다 찢어진 '똥꼬' 닦아주고. 에이그 (울지 않고) 잘 버텼는데 흑!"

상황이 이렇듯 험하니, 소년의 머리에 '역시 살길은 탈출뿐'이라는 생각이 든 것은 지극히 당연한 일이었다. 첫 시도는 선감도에 여행을 온 대학생들에게 목숨 걸고 찾아가 도움을 청하는 것이었다. 소년은 대학생들에게 선감학원의 참상을 설명하고는 인천에 가서 구두닦이 스승인 '목발'을 찾아 자기가 이곳에 잡혀있다는 사실을 알려 달라고 사정했다.

분명 '정말이냐고, 그렇게 많이 맞고 학대받느냐'고 물으며 분개했는데, 어찌 된 일인지 대학생들은 인천으로 가지 않고 다음 날 선감학원을 찾았다. 사무실에 가서 선생에게 자기가 전달한 이야기를 들려주며 "정말이냐?"고 묻는, 참으로 무책임하고 순진한 짓을 저지른 것이다.

선생은 그 학생들에게 "이 애가 정신질환이 있어서 학생들을 힘들게 했네."라고 둘러댔다. 학생들은 고개를 끄덕이다가 돌아갔다.

대학생들이 돌아갔는데도 어찌 된 일인지 꼼보라는 별명의 선생은 매질을 하지 않았다. 그 대신 소년을 축구 골대에 묶었다. 매질보다 더 고통스러운 벌을 준 것이다. 그렇게 이틀 동안 소년은 묶여 있었다. 따가운 햇볕에 어깨살이 다 벗겨져 쓰라렸지만, 소년의 몸을 가려줄 그늘은 어디에도 없었다.

두 번째 탈출은 치밀하게 준비를 한 다음에 감행했다. 팔에 스티로폼을 묶고 플라스틱 세숫대야 두 개를 뒤집어 붙여서 물에 잘 뜨는 튜브처럼 만들었다. 새벽 4시, 원생 8명은 살며시 몸을 일으켜 미리 준비한 장비를 챙겼다. 방을 나서기 전, 툭 하면 고자질을 해서 동료를 곤란에 빠뜨린 '간신'이라는 별명의 원생 몸을 묶고 재갈까지 물려 화장실에 가뒀다.

소년들은 갯벌을 건너 바다로 뛰어들었다. 장비가 있어 물에 잘 떠서 다행스럽긴 한데, 어찌 된 일인지 몸이 건너편 부두가 아닌 넓은 바다로 쓸려갔다. 망망대해로 한참 떠내려갈 때 '정지, 암구호!'라는 소리가 들렸다. 바다를 지키는 군인들이었다. 소년들이 암구호를 알 리가 없었다. 잠시 후 서치라이트가 환하게 켜지면서 고막을 찢을 듯한 총소리가 들렸고, 물이 튀어 올랐다. 소년 두 명의 몸이 흔적도 없이 사라졌다.

두 명을 사살하고 나서야 적군이 아니란 사실을 확인했는지 군인들은 갈고리로 소년들을 하나둘 건져 올렸다.

∷ 고막을 찢을 듯한 총성, 두 명이 흔적 없이 사라졌다

"총알이 날아올 때는 '이렇게 죽는구나.' 하는 두려움에, 잡혀서는 총살당하겠구나 하는 두려움에 벌벌 떨었어요. 선감학원 원생이라고 하니까 무릎 꿇려 놓고 개머리판으로 찍고 조인트(정강이)를 살이 다 파일 정도로 막 까고. 정말 무지무지하게 맞았어요. 선감학원에 와서도 엄청나게 맞았는데 그때 어깨가 탈골돼서 지금도 팔이 뒤로 돌아가지를 않아요."

이렇듯 죽음을 각오해야 하는 일이었지만, 소년은 탈출을 멈출 수 없었다. 두 번의 탈출로 꼼보 선생은 물론, 같은 원생들도 그를 미워했기 때문이다. 그가 설 자리는 선감학원 어디에도 없었다. 탈출할 때마다 연대 책임을 물어 전 원생에게 지독한 폭력이 가해졌으니, 원생들이 그를 미워하는 것도 무리는 아니었다.

세 번째 탈출에 실패했을 때는 동료 원생들한테 조리 돌림을 당했다. 침 한 번 뱉고 따귀 한 대 때리는 기분 나쁜 벌이었는데, 원생들은 함께 고생하는 동료의 따귀를 때리면서 재미있다는 표정을 지었다. 험한 환경에 시달리다 보니, 그들도 정상은 아니었던 것이다. 그 뒤 20일 만에 그는 네 번째 탈출에 성공한다. 선감학원에 붙잡혀 온 지 10개월여 만이었다.

"플라스틱 물병, 콜라병을 투망에 담아 묶었더니 아주 물에 잘 떴어요. 그거 붙잡고 바다 건너서 마산포로 갔어요. 그땐 혼자였어요. 동생들을 데리고 나가고 싶었는데, 한 번 실패하고 나니 어렵다는 생각이 들어서…."

탈출에 성공해 다시 자유의 몸이 됐을 때 그의 나이는 14살이었다. 그 뒤의 삶을 그는 '야수의 삶'이라 표현했다. 어린 몸을 지키기 위해 늘 칼을 차고 다녔고, 한때는 남대문 '철이파'를 이끌기도 했다. 복수하기 위해 혼자 칼 쓰는 법을 익혀 부산 형제복지원과 선감학원을 찾아 갔지만, 복수에 성공하지는 못했다. 형제복지원 담은 여전히 높고 무서웠으며, 선감학원은 이미 사라져 버려 아무도 남아 있지 않았다. 선감학원은 1982년에 문을 닫았다.

그러다가 사람을 찌르고 소년원에 가게 됐다. 그곳에서 그는 은인과 같은 사람을 만나 공부를 시작해 2년여 만에 검정고시로 고등학교까지 마쳤다. 소년원에 가기 전 초등학교 3학년이 최종 학력이었으니, 참으로 놀라운 성과였다. 그 덕에 그는 특별사면을 받아 21살 나이에 사회에 나오게 된다.

:: 억울한 구치소, 나와 보니 여자는 떠났고

그 뒤의 삶은 그래도 그전보다는 평탄했다. 열심히 공부하고, 열심히 일한 덕분이다. 큰 외항선을 타고 전 세계를 누벼 보기도 했고, 일본에서는 사업에 성공해 큰돈을 벌기도 했다. 그러나 불행의 덫은 사라지지 않고, 다시 서른을 훌쩍 넘은 그를 기다리고 있었다.

"2000년 3월 일본에서 번 돈으로 청주에 큰 만홧가게를 차려서 운영하던 때였어요. 제 곁에 여자도 있었고요. 친구를 만나 인천에서 술을 마시는데 건달같이 생긴 사람이 술에 취해서 저한테 팔씨름하자며 시비를 거는 거예요. 상대를 안 했더니 다짜고짜 저를 때려서 코뼈를 부러뜨렸어요. 112에 신고했더니 순찰차가 와서 그를 체포했는데, 서로 아는 눈치였어요. 순찰차를 어떻게 열었는지 범인이 도망을 쳤어요. 그런데 경찰이 잡을 생각을 안 해요. 그래서 항의를 했죠. 왜 안 잡느냐고. 도망 방조한 것을 경찰청에 알리겠다고 말하기도 했고요.

그랬는데도 '그냥 가시라고' 하며 저를 달래더니 가버렸어요. 억울해서 다시 112에 전화해 '경찰이 출동해 범인을 잡았는데, 어찌된 일인지 놓아 주었다'고 신고했어요. 그러자 좀 전의 경찰들이 다시 와서는, '이러면 좋을 게 없다. 나중에 우리가 알아서 잡을 것이다'라는 등의 말을 하면서 일단 파출소로 가자고 해서, 저는 싫다고 하며 경찰청으로 간다고 택시를 잡으려 했는데, 갑자기 넘어뜨리고 수갑을 채워 저를 연행했어요."

파출소에 가서도 계속 항의를 하자 경찰은 공무집행방해와 폭력 행위 등 처벌에 관한 법률 위반, 기물 파손 혐의로 체포한다며 그를 유치장에 밀어 넣었다. 이 사건으로 그는 구치소에서 대법원까지 가는 긴 법정 투쟁을 벌였지만, 대한민국 사법부는 그에게 무죄가 아닌 벌금 700만 원을 선고했다.

특이한 점은 벌금 700만 원이 나오는 무겁지 않은 사건을 재판하는데, 1심에서만 6개월이 걸렸다는 것이다. 그동안 홍장희 씨는 인천 구치소에 갇혀 있었다. 그것도 독방에.

"너무 억울한데 할 수 있는 것이라고는 구치소 철문을 차는 것뿐이었어요. 철문을 3개나 부수었어요. 그래서 제 다리가 지금 이런 거예요. (그의 다리는 코끼리 다리처럼 부어 있다. 색깔도 검다.) 끔찍한 것은 0.98평 독방에 키 1m 90cm 몸무게 160kg 정도 되는 애를 밀어 넣은 거예요. 그것도 밥 안 준다고 엄마를 죽인 미친놈을. 그러니 내가 어떻게 살아요? 밥도 그놈이 다 뺏어 먹고 패악질 부리고. 그러니 문을 찰 수밖에 없지."

6개월 뒤 구치소에서 나왔을 때 그의 곁에는 아무것도 남아 있지 않았다. 여자도 떠났고, 만홧가게도 망했다. 마음을 추스르기 위해 산에 들어가 스님들과 3년을 수행했고, 그 넓은 중국을 떠돌기도 했지만, 그의 마음속에 깊이 자리 잡은 증오를 떨쳐 내지는 못했다.

"뇌종양, 심장병, 이건 증오를 지워버리지 못해서 그런 거예요."

그는 지난 2008년 중국에서 쓰러진 뒤로 병마와 싸우고 있다. 심장병 때문에 수년째 편안히 눕지를 못한다. 쓰러져 사경을 헤매고 있는 그에게 양부모 측은 유산 상속 문제도 있으니 성을 바꾸라고 강요했다. 그는 지금도 어릴 적 이름인 홍장희가 아닌 태장희로 고달픈 삶을 이어가고 있다.

수렁

4살 아들 버린
비정한 아빠

_ 깔끔해 보이는 반바지 차림에 예순을 넘었다는 게 믿기지 않을 정도로 젊어 보이는 얼굴이었다. 그의 몸 어디에서도 험난한 인생의 흔적을 발견할 수 없었다. 하지만 그의 입에서 흘러나온 그의 인생은 상상조차 할 수 없을 정도로 험난했다.

김성환(62) 씨는 3~4살 경에 부모에게 버림받아 고아가 됐다. 거리를 떠돌며 보육원을 전전하며 유아기를 보냈고, 지옥의 소년 강제수용소 '선감학원'에서 비참한 청소년기를 보냈다.

성인이 돼서는 더 힘들었다. 스무 살 시절에는 아무 죄 없이 삼청교육대에 끌려갔고, 서른이 돼서는 큰 죄를 짓고 교도소에 들어가 십수 년을 살며 그 어렵다는 청송감호소까지 경험했다. 60년 생애 절반 이상을 자유가 없는 보육원과 수용소, 그리고 교도소에서 보낸 것이다.

무더위가 기승을 부리던 지난 8월(2017년), 그를 군포 산본 중심상가에서 만났다. 오전 10시부터 시작된 대화는 커피숍, 식당 등으로 장소를 옮기며 이어지다가 오후 5시가 넘어서야 끝을 맺었다.

그의 입에서 떨어진 말 한 마디 한 마디는 모두 혀를 차게 하는 내용이었다. 그의 말을 듣는 동안 '이런 일이 실제 있었구나, 이렇게 살아온 사람도 있구나!' 하는 생각이 머릿속을 맴돌았다.

대화를 마치고 '나라면 어땠을까, 내가 그 험난한 시절에 고아로 살았다면 과연 어땠을까? 죄짓지 않고 살 수 있었을까?' 하는 물음이 뇌리를 떠나지 않았다. '별수 없었을 것'이란 게 고민 끝에 내린 결론이다.

그의 인생에는 빛이 없었다. 어둠뿐이었다. '그래도 찾아보면 행복한 순간이 있었을 텐데요?'라고 묻자 그는 한참을 생각하다가 "별로 없어요. 아니, 거의 없어요."라며 고개를 저었다. 그러나 '가장 불행한 순간은 언제였느냐?'라는 물음에는 대답이 곧바로 튀어나왔다.

"어렸을 때는 선감학원이고, 커서는 청송 보호감호소입니다."

:: 아무리 기다려도 아버지와 새엄마는 돌아오지 않고

아버지는 서너 살 된 그를 업고, 어머니는 두 살 터울인 형 손을 잡고 어디론가 떠났다. 갈라선 것이다.

어느 날 그에게 새엄마가 생겼다. 새엄마 등에는 젖먹이가 업혀 있었다.

4살 무렵, 새엄마는 상갓집에서 배부르게 음식을 얻어먹고 온 그를 두들겨 팼다. '떡 한 조가리 안 가져오고 혼자 배부르게 다 먹었느냐'는 이유였다. 좋은 새엄마는 아니었던 것이다. 이 일을 일러바치자 아버지는 밥상을 둘러 엎었다.

어느 날, 아버지와 새엄마는 어린 성환을 동인천역에 데리고 갔다. 과자를 한 봉지 사주며 "잠깐 다녀올 테니 꼼짝 말고 여기 있어라."라는 말을 남기고는 총총히 사라졌다. 그를 버린 것이다. 아무리 기다려도 아버지와 새엄마는 돌아오지 않았다.

기다림에 지친 그는 그 짧고 여린 다리로 집을 찾아 무작정 걸었다. 걷다 보니 인천역이 나왔다. 놀랍게도 역 앞에 아버지와 새엄마가 마치 기다리고 있었다는 듯 서 있었다. 성환 씨는 이때를 '아버지 맘이 무척 아팠을 순간'으로 기억하고 있었다.

"4살밖에 안 된 나를 버린 게 괘씸하기도 하고, 한편으로는 그때 아버지 속이 얼마나 쓰리고 아팠을까 하는 생각도 들고 그래요. 버린 아들이 찾아 왔으니 얼마나 미안했겠어요."

이 일이 있은 지 얼마 뒤에 그의 어린 시절을 난도질한 보육원 인생이 시작됐다. 아버지는 어린 아들을 보육원에 맡겼다가 찾아가기를 두세 번 되풀이한다. 그러다가 그가 7살 무렵에는 어쩐 일인지 보육원에 맡기지도 않고 서울역에 버리고 만다.

"너 인마, 집 없지? 밥도 안 먹었지?"

'네'라고 대답하자 넝마주이는 7살 김성환을 어디론가 데리고 갔다. 따라가 보니 서울 만리동 쪽 공터였다. 걸인 생활이 시작되는 순간이었다. 아버지에게 버림받은 뒤 3일 정도를 쫄쫄 굶으며 서울역 인근을 배회하던 중에 닥친 일이다.

∷ 밥 적게 얻어 온다고 때리고, 기분 안 좋다고 때리고

그곳에서 그가 한 일은 '걸 달아 오는 일(밥 얻어 오는 일)'과 앵벌이였다. 서너 살 위 아이들이 버스나 전철 안에서 생고(도와 달라는 이야기를 구슬프게 하는 것)를 치거나 노래를 하면 모자를 들고 다니며 돈을 모아 오는 게 그의 임무였다.

비참한 일을 하고 살았지만, 분위기라도 화목했으면 그나마 견딜 만했을 텐데, 걸인들 본거지인 만리동 공터는 절대 그렇지 않았다. 욕설과 폭력이 난무하는, 그야말로 지옥이었다.

"너무 무서웠어요. 밥 적게 얻어 온다고 때리고, 그냥 맘에 안 든다고 때리고, 기분 안 좋다고 때리고. 따귀는 예사고, 넝마주이 할 때 쓰는 그 큰 쇠집게로 머리부터 사정없이, 어휴! 그러다가 분이 안 풀리면 번쩍 들어서 바닥에 패대기를 치는데, 그것을 '꽝대'라고 했어요. 정말 죽지 않을 만큼 때린 거죠."

이 가혹한 폭력을 견디지 못해 그는 약 1년 뒤인 8살 무렵에 도망을
쳤다. 그 뒤 얼마 동안 혼자 걸인 생활을 하게 되는데, 만리동 공터에
서 배운 기술이 있어 가능한 일이었다.

"거지 생활도 배우지 않으면 힘들어요. 밥 달라는 말도 안 떨어
지고 어디 가야 밥을 잘 주는지도 알지 못하고요. 한남동 부잣집에
가면 밥을 잘 주었어요. 식모가 있는 집이 더 친절했는데, 힘들게
사는 처지여서 그랬던 것 같아요. 배고픈 사람이 배고픈 사람 맘 알
잖아요. 문이 열리면 발부터 집어넣어야 해요. 밥 줄 때까지 빼지
않는 거죠. 이게 다 거기서 배운 기술이에요."

비록 춥고 배고프지만, 혼자 하는 걸인 생활은 자유가 있어 좋았다.
폭력의 공포에서 해방된 것은 그 무엇보다도 기쁜 일이었다. 그러나 그
생활은 채 한 달을 넘기지 못했다. 단속반이 늘 눈을 부릅뜨고 있어서
다. 환자를 태우는 병원 구급차가 단속차였는데, 그 차에 던져지듯 올
라타게 되면 곧바로 '보육원행(서울 시립아동 보호소)'이었다.

"그래도 그때는 다행스러운 게 아동 보호소에서 저를 천호동에
있는 '애지 보육원'이라는 데로 보낸 거예요. 거긴 다른 데 비하면
천국이었어요. 원장님이 여자 전도사였는데, 굉장히 친절했어요. 저
를 씻기다가 탈장이라는 병이 있는 것을 확인하고는 수술도 시켜주

고, 천호 초등학교에 입학도 시켜주었고요. 거기 선생님들은 때리지도 않았어요. 제가 병원 다닐 때 매일 업고 다니던 누나가 있었는데, 저한테 정말 잘해 주었고요."

∷ 덩치 큰 녀석이 쫓아와 도망쳤는데, 알고 보니 7년 전 헤어진 형

그러나 이곳에서도 그는 결국 도망을 치고 만다. 역시 폭력 때문이다. 선생님들은 매를 들지 않았지만, 몇 살 위 아이들은 그렇지 않았다. 힘을 과시하려고 때리기도 했고, 재미 삼아 친구끼리 싸움을 하게 만들기도 했다.

이렇게 해서 다시 혼자 하는 걸인 생활이 시작됐다. 깡통을 들고 돌아다니며 얻어먹고, 얼어 죽지 않기 위해 야간열차에 몰래 올라타 잠을 자야 하는 아슬아슬한 생활이었다. 그래도 역시 자유가 있어서 좋았다. 그렇게 2년을 떠돌다가 10살 무렵, 또 단속반에 걸려 서울시립 아동보호소에 잡혀가게 된다.

"잡혀갈 때, 아~ 죽었구나 하는 생각이 들었어요. 자유도 없고 매일 맞고, 이런 거 다 경험을 해 봤으니 정말 싫죠. 거긴 밥 먹을 때도 선착순을 시켜요. 괴롭히려고 그러는 거죠. 그럼 밥 먹다 말고 뛰어나가야 하는 거예요. 안 맞으려고요. 저는 아예 맞을 각오 하고 먹던 밥 다 먹고, 다른 애들이 남긴 밥까지 먹어 치운 다음에 나갔어요. 매하고 밥을 바꾼 거죠. 그래서 별명이 꼴통, 밥 돼지였어요."

여기서 그는 형과 운명적인 재회를 하게 된다.

"어느 날, 덩치 큰 녀석이 저를 막 쫓아오는 거예요. 저는 막 도망쳤죠. 때리려는 줄 알고요. 그런데 뒤에서 '너 성환이 맞지?' 하는 소리가 들리는 거예요. 3살 때 헤어진 형이었어요. 형이 7년 전에 헤어진 저를 알아본 거예요."

이렇게 해서 그는 형과 함께 아동보호소에서 2년을 보낸다. 형제는 같이 탈출해 걸인 생활을 하며 거리를 떠돌다가 다시 잡혀가기를 두세 차례 반복한다. 그러다가 그가 12살 된 해에 형과 헤어져 선감학원으로 가게 된다. 1968년 7월 31일에 그는 자기의 어린 시절을 가장 불행하게 만든 선감학원에 발을 들인다.

"보호소에서 형이 내일모레 도망쳐서 용산역으로 나오라고 했는데, 아 그날이 제가 선감도로 끌려가는 날일 줄이야! 그래서 도망을 못 쳤고, 결국 형과 헤어지게 된 것이죠. 선감학원에 간다는 사실을 알았을 때 이제 진짜 죽었다고 생각했죠. 섬이라서 도망을 칠수도 없는 생지옥이라는 것을 이미 소문으로 알고 있었으니까요."

교회 안 가려고
버텼더니...

_ 버스는 고만고만한 아이들 40여 명을 태우고 울퉁불퉁한 비포장도로를 달렸다. 버스 안은 고요했다. 아이들 입은 자물쇠를 채운 듯 굳게 닫혀 있었고, 얼굴에는 긴장감이 감돌았다. 아이들은 제멋대로 흔들리는 버스에 조리돌림을 당하면서도 앓는 소리 한번 내지 않았다.

서울에서 출발한 버스는 수원→송산→남양→비봉→사강을 거쳐 마산포에 도착해 아이들을 부둣가에 내려놓고는 떠났다. 서울 아동보호소에서부터 아이들을 인솔한 새까만 선글라스를 낀 남자는 감시하듯 사방을 연신 두리번거렸다. 그는 선감학원 선생이었다.

그때 갑자기 15살 정도 돼 보이는 아이 하나가 죽을힘을 다해 어디론가 뛰었다. 선글라스 사내는 몇 발 짝 쫓다가 포기한 듯 이내 멈췄다. 선감학원 피해자 김성환 씨(62세)는 기억을 더듬듯 시선을 먼 곳에 고정하며 당시 상황을 설명했다.

"그 사람은 (선감학원에) 가면 죽음이라는 것을 확실히 알았던 거예요. 15살 정도 되니 도망칠 만한 힘도 있었고요. 선생은 자리를 비우면 우리가 도망칠까 봐 그 사람을 쫓지 못한 것이고요. 저는 너무 어려서 도망칠 수가 없었어요. 뛰어봤자 벼룩이니까요. 마산포에서 배를 타고 선감도에 들어왔는데, '진짜 지옥에 왔구나, 이제 죽었구나!' 하는 생각밖에 안 들었어요."

소년들은 배에서 내려 도살장에 소 끌려가듯 2km 정도를 걸어 선감학원으로 갔다. 소년들을 기다리고 있는 것은 신고식이라는 이름으로 자행되는, '묻지도 따지지도 않는' 무자비한 폭력이었다.

"이유 없이 맞는 것은 참 억울한 일이에요. 쭉 줄지어 세운 다음 따귀 후려갈기고, 정강이 걷어차고, 엎드려뻗쳐 시킨 다음 곡괭이 자루로 사정없이 내려치고. 정말 보리 타작 하듯이 2시간 정도를 두들겨 패는데, 정신 바짝 차리지 않으면 정말 죽을 수도 있겠다는 생각이 들 정도로 고통스러웠어요."

:: 매 맞은 게 억울해 죽으려고 똥통에 뛰어든 친구도 있어

소년 김성환은 그 다음 날부터 강제 노동에 시달렸다. 농사일이다.

"이게 제일 싫고 힘들었어요. 그래서 저는 지금도 주말농장 같은 거 절대 안 해요. 일이라는 게 재미있게 배워야 하는데, 그곳은 그런 게 없어요. 강제로 시킨 다음 책임량을 채우지 못하면 두들겨 패는 거예요. 풀 몇 kg 베어오라고 한 다음 그거 못 채우면 때리는 거지요. 하기 싫은 일 하면서 칭찬은커녕 맞기만 하니 더 하기 싫은 것이고요."

소년들이 한 일은 뽕나무 잎 따오기, 소 꼴 베기, 밭에 난 잡초 제거하기 등 무척 많았다. 배로 실어온 연탄을 비롯한 갖가지 생활용품을 나르는 일도 소년들 몫이었다.

소년들은 갖가지 방법으로 강제 노동을 피하려 했다. 조회를 하자마자 산으로 도망쳐 온종일 숨어 지낸 소년도 있었고, 일부러 살모사에게 손을 물린 소년도 있었다.

산에 숨어 있다가 걸리면 지독한 매질이 뒤따랐지만, 소년들은 그 위험을 기꺼이 감수했다. 강제 노동을 피할 수 있었고, 뱀이나 쥐, 메뚜기를 잡아 주린 배를 채울 수 있어서다. 살모사에게 손가락을 물리면 손가락 끝이 떨어져 나가고 팔이 며칠간 퉁퉁 부었지만, 소년들은 그 고통도 감수했다. 독기가 빠질 때까지 강제 노동을 하지 않을 수 있었기 때문이다.

강제로 하는 것을 지독히 싫어하는 소년 김성환은 극단적인 방법을 쓰기도 했다. 풀을 가득 실은 우마차 바퀴에 발을 집어넣은 것이다. 뼈가 부러지는 고통은 컸지만, 그래도 한 달 넘게 강제 노동에 시달리지 않아서 좋았다.

일하기 싫어 조회가 끝나자마자 친구와 함께 도망친 적도 있다. 숙소에 우두커니 앉아 있다가 머리가 유별나게 커 '버스 대가리'라는 별명이 있는 반장한테 붙잡혀 죽도록 맞기도 했다.

"1시간 넘게 맞으면서 얼차려를 받았어요. 다 맞고 났는데 친구 녀석이 어딘가 가서 돌아오지 않는 거예요. 그래서 여기저기 찾다 보니까, 그 녀석이 재래식 화장실 똥통에 빠져서 허우적거리고 있는 거예요. 맞은 게 너무 억울해서 분을 못 이겨 죽으려고 뛰어든 거죠."

:: 선감학원 급훈 '생식을 하지 맙시다' 이유는?

배고픔도 강제 노동 못지않게 고통스러웠다. 꽁보리밥에 반찬은 김치 한 조각과 새우젓이나 밴댕이젓뿐이었다. 그나마 배부르게 먹을 수도 없었다. 젓갈은 상해서 시커멓게 변해 있었다. 그래서 지금도 성환 씨는 젓갈을 먹지 않는다.

늘 배가 고프다 보니 소년들은 산에 있는 풀까지 뜯어 먹었다. 그중에는 얼굴을 퉁퉁 붓게 하고 배앓이를 하게 하는 독풀도 있었다. 하지만 소년들의 허기진 배는 이런 위험을 기꺼이 감수하게 했다. 앓아눕는 소년이 많아지자 교사들은 '생식을 하지 맙시다'를 급훈으로 정하고 단속을 하려 했다. 그러나 소년들의 생식을 막을 수는 없었다.

성환 씨는 수수알을 털어서 주머니에 넣고 다니다 맞은 일을 배고픔과 관련한 가장 서러운 일로 기억하고 있다.

"선생님이 원장 관사 별실로 데려가더니 주머니를 털라고 하는 거예요. 수수가 나오니까 그때부터 슬리퍼로 따귀를 때리기 시작하는데 줄잡아 50대 이상은 맞은 것 같아요. 배고파서 그런 건데, 정말 서러웠죠. 너무 억울해서 그날 저녁 식사 점검에 안 나가고 어딘가에 숨어 있었어요. 제가 도망친 줄 알고 찾으러 다니고 난리가 났죠. 반장이나 사장(막사의 장)한테 맞을 걸 각오하고 숨어 있었던 거죠. 나중에 잡혀서 끌려갔는데, 이미 선생한테 엄청나게 맞은 것을 알고는 더 때리지는 않았어요."

종교를 강요당하는 것도 자존심 강한 성환 씨에게는 괴로운 일이었다. 교회를 가지 않으면 몽둥이가 날아왔다. 교회 앞에서 철저하게 인원 파악을 했기에 몰래 빠질 수도 없었다. 그러니 설교가 귀에 들어올 리 만무했다.

언젠가는 교회에 가기 싫어 일요일 오전에 숙소에 남은 적이 있었다. 선생님이 사정없이 귀싸대기를 갈겼다. 성환 씨는 화가 머리끝까지 올라서 "성경에 교회 안 가면 때리라고 쓰여 있느냐?"고 발악하듯 대들었다. 돌아온 것은 주먹과 몽둥이뿐이었다.

"그게 트라우마가 됐는지, 다 커서 교회에 다니려고 서너 번 노력

했는데도, 잘 되지를 않았어요. 지금도 물론 종교가 없고요."

∷ 사고가 나면 선감학원 아이들을 의심

소년 김성환은 공부를 잘했다. 선감학원에 가기 전 초등학교 1학년을 다니다 만 게 배움의 전부지만, 그는 누가 가르쳐 주지 않았는데도 한글을 스스로 깨쳤다. 선감학원에 가자마자 편입한 선감 초등학교에서도 공부를 잘해 6학년 때 우등상과 개근상을 타고 졸업했다. 덕분에 선감학원생 중에서는 무척 드물게 대부 중학교에 입학하는 특전을 누렸다.

그러나 학교생활이 결코 행복한 것은 아니었다. 늘 차별에 시달렸다. 자존심 강한 그로서는 견디기 힘든 일이었다.

"마을에서 무엇인가 없어지면 무조건 우리를 의심했어요. 마을 애들은 교실로 들어가고 저희는 운동장에 엎드려뻗쳐서 매를 맞는 거예요. 분명 너희들이 그랬으니, 맞기 싫으면 이실직고하라는 거죠. 중학교도 마찬가지였어요. 체육 선생님이, 여학생들도 보고 있는데 아무 이유 없이 엎드려뻗쳐 시켜 놓고는 매질을 하는 거예요. 그래서 '이유가 무엇이냐?'고 대들었죠. 그랬더니 '너 교실에서 휘파람 불었지?' 그러는 거예요. 어떤 녀석인가 여학생들에게 휘파람을 불었는데, 그게 누군지 모르니까 무조건 저를 의심한 거죠. 그래서 '난 휘파람 불 줄 모른다.'고 그랬는데도 막무가내로 때리는 거예요. 전

진짜 휘파람을 불 줄 몰라요, 지금도."

이런 차별을 겪으며 그 차별에 저항하다 보니 학교생활이 평탄할 리 없었다. 소년 김성환은 73년 8월 10일 교복을 입은 채 충동적으로 배에 올라 인천 연안부두로 도망을 친다. 선감학원에 갇힌 지 5년 10일 만의 탈출이었다. 그 이전인 초등학교 4학년 때도 한 차례 탈출을 감행한 적이 있다. 그때는 실패해서 죽도록 매만 맞았다.

그 뒤 소년 김성환은 걸인 생활과 단속에 걸려 부랑아 보호소인 인천 선인원을 오가는 생활을 2년간 한다. 탈출 당시 실제 나이는 18살이었지만, 키가 워낙 작아 채 15살도 안 돼 보이는 외모여서 단속반의 단속 대상이 될 수밖에 없었다.

그는 열아홉 살쯤, 탈출한 지 1년 만에 단속반에 붙잡혀 다시 선감학원에 들어갔다. 나이가 많아 반장이 됐지만, 전혀 편하지 않았다. 선생은 아이들을 때려서라도 기강을 잡으라고 닦달을 했지만, 그에게는 내키지 않는 일이었다. 그러다 보니 선생한테 늘 시달림을 받았다.

그는 다시 탈출을 감행해 성공했지만, 1년 만인 75년에 또다시 단속에 걸려 선감학원에 발을 들였다. 그때는 나이가 많다는 이유로 선감학원에서 그를 받지 않았다. 이렇게 해서 그의 나이 스무 살 때 선감학원과의 악연을 끝내게 된다.

청송감호소

　　　　　　　　_ 스무 살이 되어서야 끔찍했던 선감학원
과의 악연을 끝내고 세상에 나왔지만, 호적도 없고 부모가 누구인지도
모르는 그에게 세상은 절대 만만치 않았다. 오라는 데도 없고, 갈 곳
도 없었다. 할 줄 아는 것이라고는 구두닦이밖에 없었다.

　그래도 걸인 생활을 할 때보다는 훨씬 나았다. 구두 한 켤레를 닦으
면 자장면을 한 그릇 먹을 수 있어서다. 하지만 일거리가 없으면 어쩔
수 없이 구걸을 해야 했다.

　77년 즈음에는 열심히 구두를 닦아 모은 돈 5만 원으로 전세방을
얻어 한뎃잠을 면했고, 호적도 만들었다. 호적을 만들기 위해 고아라
는 것을 증명해야 했는데, 그 증명서는 끔찍했던 선감학원이 아닌, 행
복한 기억이 있는 서울 강동구 천호동 '애지 보육'에서 떼었다. 호적을
만든 다음 '보충역'으로 국방의 의무도 완수했다.

　79년도에는 선감학원에서 고락을 함께했던 친구 도움으로 서울 아
동보호소에서 헤어진 형과 10년 만에 재회했다.

　"그 녀석이 '제 형하고 안양에 같이 있었고, 형한테 제 이야기를
많이 들었다'고 그러는 거예요. 그래서 그날 바로 안양으로 내려갔

는데, 어디 있는지 몰라서 만나지 못하고 그 다음 날에야 수소문 끝에 어렵게 만날 수 있었어요. 그런데 뛸 듯이 기쁠 줄 알았는데, 어쩐 일인지 덤덤하기만 했어요. 형이라는 말도 입에서 안 나오고 할 말도 별로 없고요. 워낙 오랜 시간을 떨어져 있어서 그랬던 거죠."

10년 만에 만났지만, 형제는 서로 떨어져 살았다. 형은 안양에, 동생은 인천에. 서로 생활 터전이 달랐기 때문이다.

이렇게 그의 20대는 비교적 평탄하게 흘렀다. 쿠데타로 권력을 잡은 전두환 신군부가 삼청교육대라는 것을 만들지 않았고, 아무 잘못 없는 그를 그곳에 끌고 가지 않았다면 그 뒤의 인생도 20대 초반처럼 평탄했을지 모른다. 그러나 광폭한 역사의 수레바퀴는 보육원 출신 구두닦이인 그를 내버려두지 않았다.

"(구두 닦다가) 오락실에서 쉬고 있는데, 경찰이 어깨를 툭툭 치면서 서(인천 경찰서)로 가자는 거예요. 그래서 '잘못도 없는데 거긴 왜 가냐?'고 따졌죠. 그런데도 '몇 마디 물어보고 보내준다'고 하더니 다짜고짜 끌고 가는 거예요. 저만 끌고 가는 줄 알았는데, 알고 보니 함께 구두닦이 하던 친구들까지 몽땅 끌고 가는 것이었어요."

:: 집에 보내준다는 말에 속아서 지장 찍었더니

경찰은 "너희들 요즘 먹고살기 힘들지?" 하고는 그와 친구들을 유치장에 밀어 넣었다. 80년 7월 31일에 벌어진 일이다. 그 뒤로 계속 사람들이 붙잡혀 들어왔는데, 그중에는 성환 씨의 구두닦이 선·후배들이 많았다. 8월 4일 즈음에는 앉아 있기 힘들 정도로 유치장이 꽉 찼다.

"문신 있어서 끌려온 사람도 있고, 길거리에서 계엄군이 느닷없이 총 들이대서 끌려온 사람도 있었는데, 대부분 자신이 무슨 죄를 저질렀는지 알지 못했어요. 우린 고아라서 끌려온 것이고요. 할당 채우기 딱 좋잖아요. 없어져도 찾아 나설 부모가 있나, 형제가 있나. 돈 벌기 위해 배 타다가 잠시 쉬고 있는 사이에 끌려온 친구(선감학원 동기)도 있어요."

유치장에 있다가 D등급을 받고 훈방될 줄 알았지만, 성환 씨와 친구들은 4주 순화 교육을 받아야 하는 C등급을 받았다. 총 4등급(A·B·C·D)이 있었는데, B등급은 4주 교육을 받은 다음 근로 봉사를 해야 했고, A 등급은 군사재판을 받거나 검찰로 넘겨졌다.

"처음엔 D등급이 나왔는데, 나중에 C등급으로 바꾸는 거예요. 그래서 지은 죄가 없다고 하니까 '너 인마, 술 먹고 돌아다니며 사고 쳤지?' 하면서 없는 죄를 인정하라고 다그쳤어요. 그래서 '저 술 먹으면 얼굴 빨개져서 못 마셔요.'라고 했더니, '지나가는 여자 희롱했다.'고 적고는 지장 찍으라고. 지장 찍으면 훈방하겠다는 말에 속아서 지장 찍었다가 끌려간 거죠."

성환 씨가 끌려간 곳은 부천에 있는 한 군부대다. 버스에서 내리자마자 정신을 차릴 수 없을 정도로 방망이가 날아왔다. '앞으로 취침!' 하면 질퍽질퍽한 연병장에 엎드려야 했고, '뒤로 취침!' 하면 드러누워야 했다. '굴러!' 하면 데굴데굴 굴러야 했는데, 한참을 구르다 보면 어지럽다 못해 구토까지 치밀어 왔다.

분위기가 워낙 살벌해서 아무리 힘들어도 요령을 피울 수가 없었고, 반항 같은 것은 꿈도 꿀 수 없었다. 장갑차와 총을 든 군인들이 교육생들을 에워싸고 있었기 때문이다. 너무 어지러워 구르는 속도를 늦추면 곧바로 군홧발이 날아와 배와 등, 심지어 머리까지 걷어찼다. 밤에 '모기 회식시킨다.'며 옷을 벗겨 나무에 묶어 놓는 끔찍한 일도 비일비재하게 자행됐다.

:: 삼청교육대 마치고 뒷골목 생활 시작한 이유?

"잘 모르겠는데요."

이 말을 했다가 성환 씨는 하사 계급장을 단 내무반장한테 매만 죽도록 맞았다. "왜 끌려 왔느냐?"는 물음에 이 대답을 하자, 내무반장은 "미쳤다고 국가에서 죄 없는 사람을 끌어왔겠느냐?"며 무자비하게 두들겨 팼다. 성환 씨가 "지나가는 여자 희롱했다."고 말을 바꾸자 매질이 멈췄다.

성환 씨와 친구들은 다행히 4주 교육 후에 집에 돌아갈 수 있었다. 그러나 그의 발걸음은 가벼울 수 없었다. 그 지옥 같은 곳에 하늘 아래 단 하나뿐인 혈육인 형을 남겨두어야 했기 때문이다. 그의 형은 참외를 깎아 먹다가 몸에 문신이 있다는 이유로 끌려왔다.

지옥 같은 1개월을 마치고 돌아와 보니 세상이 달라져 있었다. 구두통을 메고 돌아다니면 다시 삼청교육대로 끌려갈 수도 있는 살벌한 세상으로 변해 있었다. 실제로 두 번이나 끌려간 사람도 있다는 게 성환 씨 설명이다.

"그래서 취직이라는 것을 했는데, 함께 일을 하는 사무실 직원이 모두 여성이었어요. 제가 수줍음이 많아요. 구두통을 메고 가다가 같은 또래 여학생을 보면 부끄러워서 얼굴이 빨개지는 그런 성격입니다. 그런데 머리 빡빡 깎고…. 정체가 탄로 날까 봐 불안하고, 창피하고. 그래서 그만두고 그때부터 친구들과 어울려서 살게 된 거죠."

성환 씨가 말한 친구들은 소매치기 같은 일을 하며 뒷골목에서 사는 이들이다. 이 친구들과 어울려 살다가 공범으로 엮여 교도소를 들락거리게 된다. 그러다가 그는 강도 사건에 연루돼 15년 형을 받고 감옥에 들어간다. 긴 감옥 인생이 시작된 것이다.

"15년 살면서 한숨 쉰 것을 무게로 따지면 수십 톤은 될 겁니다. 삼십 대 초반, 결혼도 하고 싶고, 아이도 잘 키우고 싶었는데 다 끝나버린 거죠. 지금도 가장 후회스러운 게 '내가 왜 친구들 제안을 거절하지 못했을까?' 하는 것입니다."

:: 청송, 내 인생 통틀어 가장 힘든 시간

보육원 출신 장기수라서 성환 씨의 교도소 생활은 다른 수감자에 비해 몇 배 더 힘들었다. 교도관을 비롯한 교도소 직원들이 막 대했기 때문이다. 차별을 비롯한 비인간적인 대접을 받는 사실을 알릴 방법도 없고, 알린다고 해도 항의해줄 만한 부모나 형제가 없기 때문이다.

"도저히 참을 수 없는 일이었어요. 그래서 항의도 하고, 탈출을 시도하기도 하고. 그러다 보니 징벌을 받아서 독방에 갇히게 되고, 문제수가 돼서 여기저기 옮겨 다니는 처지가 됐죠. 문제수로 찍히면 한곳에 오래 안 둡니다."

이곳저곳을 옮겨 다니다가 성환 씨는 악명 높은 '청송 보호감호소'로 가게 된다.

"거긴 제가 단 한 번도 경험하지 못한 지옥이었어요. 제 인생을 통틀어 가장 힘든 시간이 바로 청송에 있었던 5년입니다. 성장기에는 '선감학원'이 가장 힘들었고요. 버스에서 내리자마자 교도관 수백 명이 쭉 서서 포승줄로 꽁꽁 묶인 우리를 마구 내려치는데 정신을 차릴 수가 없었어요. 숙소 앞에 가니까 방망이로 또 두들겨 패고요."

청송이 악명 높은 가장 큰 이유는 수감자를 모두 독방에 가둔다는 점 때문이다.

"미쳐서 자살하는 사람이 많았어요. 초기 증상이 벽 보고 혼자 중얼거리는 겁니다. 그러다가 옷 찢어서 천정에 있는 고리에 걸고 목매는 거죠. 자살자가 속출하니까 나중엔 그 고리를 용접해서 끈 맬 곳을 없애 버렸어요. 작은 성경책도 한 권씩 주었고요."

성환 씨는 15년 형을 마치고 2002년에 출소했다. 처음엔 사회에 적응을 못 해 노숙자 생활을 했고, 그 생활이 힘들어 다시 감옥에 가려고 파출소에 찾아가 일부러 난동을 부리기도 했다.

하지만 지금은 몇 년 전에 인연을 맺은 복지관에서 봉사활동을 하고 있다. 남은 인생 봉사를 하면서 사는 게 62세 성환 씨의 꿈이다. '찬밥 한 덩어리라도 준 고마운 사람이 있어서 살 수 있었고, 우리 사회가 그런 좋은 사람이 더 많아 굴러갈 수 있다고 성환 씨는 말한다. 그 고마움을 갚으면서 살기 위해 봉사를 한다는 것이다.

긴 대화를 마치며 성환 씨는 고아라서 받은 설움과 비애가 서려있는
의미심장한 한마디를 남겼다.

"(세상이) 내게 왜 그랬지?"

유 괴

일단
파출소로 가자

_ '목숨 걸고 소년 강제 수용소 '선감학원'
을 탈출하니 '삼청교육대'가!'

극적인 인생 아닌가? 영화나 연극으로 만든다면 비극 중의 비극이
될 만한 이야기다. 놀랍게도 실화다. 한일영(59세) 씨가 실제로 겪은 일
이다. 더 고통스러운 것은 '삼청교육대 출신'이라는 낙인이었다. 이 때
문에 아무리 노력해도 정상적인 사회생활을 할 수가 없었다.

"도착하셨나요?"

대전역에 도착하자마자 휴대전화기가 울렸다. 시곗바늘은 오후 2시
15분(2017년 3월 30일)을 가리키고 있었다. 마중 나온다고 하더니 일찌
감치 나와서 나를 기다린 모양이었다. 전화기에서 들려오는 그의 목소
리는 무척 밝았다. 그러나 표정에는 그늘이 깔려있었다. '고단한 삶'이
읽히는 짙은 그늘이었다. '새벽 댓바람에 일어나 청소를 하느라 피곤해
서 그런가?'

그는 "국가가 내 인생을 망쳤다."고 입버릇처럼 이야기했다. 가끔 '어
이구!' 하는 한숨이 흘러나왔고 목에 메어 이야기가 끊어지기도 했다.

내가 그의 말을 끊어주기도 했는데, 그의 눈시울이 뜨거워지려 할 때다. 예순이 다 된 남자가 우는 모습을 차마 지켜볼 자신이 없었다.

∷ 차라리 거짓말을 했더라면 끌려가지 않았을지도

남들보다 1년이나 늦은 9살이 되어 들어간 학교마저 그는 제대로 다닐 수 없었다. 술에 찌들어 사는 아버지가 어머니와 이혼한 뒤로는 그를 학교에 보내지 않았기 때문이다. 걸핏하면 매질을 했는데 그런 아버지로부터 일영 씨와 그의 누나, 그리고 여동생을 지켜줄 이는 아무도 없었다.

삼촌을 비롯한 친척들이 그들 남매를 거둬주기는 했지만, 밥을 먹이거나 용돈을 주는 정도에 그칠 수밖에 없었다. 삼촌 집에서 며칠 머물면 그의 아버지가 득달같이 달려와 '내 아이'라며 데려갔기 때문이다.

초등학교 5학년 때 객지에서 자리를 잡은 어머니가 그들 남매를 거뒀다. 덕분에 가평 초등학교로 전학해 초등학교 1학년 때 그만두다시피 한 학업을 다시 시작할 수 있었다. 그러나 학업에 흥미를 붙일 수는 없었다. 기초가 워낙 부족했기 때문이다.

여름 방학을 맞아 그는 삼촌 집에 다녀가기 위해 서울 삼선교행(성북구) 버스에 몸을 실었다. 엄마도 허락한 방문이었다. 버스에서 내려 걷고 있을 때 경찰이 느닷없이 소년 한일영의 허리춤을 움켜잡았다. 이것이 비극의 서막인 줄을 그는 상상조차 할 수 없었다.

경찰은 '어디 사느냐?'고 물었다. 그는 곧이곧대로 '가평'이라고 대답했다. 경찰은 '어디 가는 중?'이냐고 다시 물었다. 그는 '삼촌 집에 간다'고 대답했다. 경찰은 그의 말을 믿지 않고 '일단 파출소로 가자'고 하고는 강제로 끌고 갔다.

"아마 옷차림이 남루하고 집 주소(가평)도 모르니까 고아라고 생각한 것 같아요. 어린애가 그 먼 가평에서 서울까지 혼자 왔다는 것을 믿지 않은 것 같고요. 차라리 '삼선교'에 산다고 거짓말했으면 끌려가지 않는지도 몰라요. 참 어이없게도 경찰이라는 사람이 어린애 정강이를 군홧발로 마구 걷어차면서 솔직하게 이야기하라고."

그가 경찰에게 납치되다시피 끌려간 곳은 서울 은평구 응암동에 있는 아동보호소였다. 첫날, 그는 영문도 모른 채 먼저 들어온 나이 많은 아이들한테 흠씬 두들겨 맞았다. 신고식이라는 것이었다. 그 뒤로도 13살 소년이 견디기 힘든 폭력이 계속됐다.

발로 가슴팍을 차고, 따귀 때리고, 원산폭격(땅에 머리 박기) 상태에서 옆구리를 걷어차는 것은 비교적 가벼운 폭력이었다. 잠을 안 재우는 고문도 견딜 만했다. 그보다는 곡괭이 자루 세례가 훨씬 더 무서웠다. 맞을 때도 고통스럽지만, 자기 차례가 오길 기다리며 다른 사람이 맞는 것을 지켜볼 때 느끼는 공포를 견디기가 더 힘들었기 때문이다.

사정을 이야기하고 집에 보내 달라는 말은 감히 할 수가 없었다. 그 자체가 매를 버는 일임을 잘 알기 때문이다. 늘 두세 명이 한 조가 되어 움직여야 할 정도로 철저히 통제돼 있어 도망칠 생각은 꿈에도 할 수 없었다. 서로 감시하게 한 것이다.

그래도 자유를 찾아 도망치는 아이가 간혹 있었다. 성공하면 다행이지만, 붙잡히면 아이들이 지켜보는 앞에서 곡괭이 자루 세례를 받아야 했다. 공포에 질려 그 모습을 지켜보며 소년 한일영은 탈출할 생각을 접었다.

∷ 집에 보내준다고 해서 손들었더니, 지옥의 수용소로

"고향 배차 있다. 경기도에 집이나 친척 집이 있는 사람 손 들어!"

이 말을 듣고 소년 한일영은 기쁨에 들떠 손을 번쩍 들었다. 14살 되던 해 봄, 소년보호소에 온 지 8개월여가 흐른 뒤에 찾아온 기쁨이었다. 그러나 기쁨에 들떠 있는 그를 기다리는 것은 어머니가 있는 집이 아니라, 선감학원이었다. 엄청난 폭력이 그를 기다리고 있었다.

"선생들이 몇 마디하고 들어가니까 그때부터 잡기 시작하는 거예요. 사장(막사의 장) 반장 같은 저보다 몇 살 많은 아이들이 그런 거죠. 엎드려 뻗치라고 하고는 옆구리를 사정없이 걷어차고, 아프다고 하면 몸을 깔아뭉갠 채 얼굴 같은 데를 미친 듯이 마구 갈기고. 그날 밤, 얼굴이 퉁퉁 붓고 피범벅이 된 채로 씻지도 못한 채 방에 들어가 누웠는데, 얼마나 놀랐는지 잠도 오지 않는 거예요."

그래도 희망이 있어 견딜 만했다. 집에 갈 수 있다는 희망이다. 소년 한일영은 이때까지도 선감학원의 정체를 알지 못했다. 집으로 돌아가는 길에 잠시 거쳐 가는 곳인 줄로만 알았다. 3일 뒤에야 집에 절대 보내주지 않는다는 사실을, 바다로 둘러싸여 있어 도망칠 수도 없다는 사실을 알고는 절망감에 몸을 떨었다.

그래도 주저앉아 있을 수만은 없었다. 그에게는 돌아갈 집과 반겨줄 가족이 있었기 때문이다. 사정 이야기를 하면 분명 집에 보내 주리라는 희망을 안고 선생님 방문을 두드렸다.

"이○○ 선생이었는데, 정말 제가 순진했던 거죠. 고아, 부랑아가 아니라고 하면서 분명히 고향 배차라고 했으니 집에 보내 달라고 했어요. 그런데 이 양반이 이렇다 저렇다 말도 없이 나가 보라는 거예요. 며칠 뒤 사장이 저를 숙소 뒤 으슥한 곳으로 불렀어요. '왜 선생한테 그런 이야기를 했느냐'면서 곡괭이 자루로 무진장 두들겨 패는데, 너무 고통스러워 죽고 싶었어요. '죽으면 이 고통 없을 텐데!'라는 생각이 들 정도였지요. 선생이 사장한테 그런 말 안 나오게 입단

속 시키라고 한 것이죠. 그 뒤로는 집에 보내 달라는 말을 입 밖에
도 못 냈어요."

선감학원 생활은 지옥이었다. 강제 노동과 배고픔, 그리고 엄청난 폭
력이 소년 한일영을 괴롭혔다. 소년들이 한 일은 보리밟기와 보리 베
기, 뽕잎 따기, 퇴비 만들기 등 참으로 다양했다. 할당량을 채우지 못
하면 매타작을 한 뒤 밥을 굶겼으니, 무척 잔인한 방법으로 일을 시킨
것이다. 하루에 몇 번씩 약수터에 가서 물을 길어 와야 했는데, 그때마
다 어깨가 끊어질 듯한 고통을 느껴야 했다.

소년들의 굶주린 배를 채워준 것은 산에서 얻을 수 있는 야생풀이나
나무 열매, 개구리, 뱀 같은 것들이다. 먹을 만한 것은 다 먹은 것인
데, 그중에서도 뱀은 특식으로 꼽을 만큼 인기 있는 먹을거리였다. 그
나마 물뱀 같은 흔한 것은 소년들 차지가 됐지만, 살모사 같은 귀한 뱀
은 사장한테 받쳐야 했다. 그 뱀을 사장은 선생이나 원장한테 받치기
도 했다.

뽕나무 열매인 오디는 별미 중의 별미지만 소년들한테는 금단의 열
매와 같았다. 이 또한 사장한테 받쳐야 했다. 따먹다가 들키면 어김없
이 매타작이 날아왔다.

살아도
산 게 아니야!

_ 소년 한일영을 가장 아프게 한 일은 친구의 배신이었다. 소년보호소부터 동고동락한 절친(친한 친구) 4명 중 하나가 사장(막사의 장)한테 잘 보이기 위해 그를 팔아넘긴 것이다.

"'사장은 악독한 사람'이라고 흉본 것을 고자질한 거예요. 그 뒤로 지옥이 펼쳐졌는데 어휴~ 그 배신감! 그 일이 두고두고 저를 괴롭혔어요. 사장 눈 밖에 나면 살아도 산 게 아니거든요. 그 뒤로 툭하면 사장한테 두들겨 맞았어요. 엄동설한에 발가벗기고는 속옷 차림으로 저를 두 시간 동안이나 한데 세워두기도 했고요. 2일 동안 연달아서 그랬는데, 며칠 지나니까 발이 시커멓게 변하면서 퉁퉁 붓고."

동상이었다. 의무실 담당자는 이유도 묻지 않고 동상 치료와는 별로 관련도 없는 약(안티푸라민)만 발라줬다. '사장이 그랬다'라고 이야기하려다가 도리어 '매만 벌 것' 같아서 그만두었다. 며칠이 지나자 발가락 3개 끝부분이 떨어져 나갔다. 지금도 그 상처는 끔찍한 기억과 함께 일영 씨를 괴롭히고 있다. "그래도 발을 다 자르지 않은 게 얼마나 다행스러운지!"라고 말할 때, 그의 눈가에 눈물이 가득 고였다.

:: 목숨 걸고 바다 건넌 소년, '먼저 보는 사람이 임자'

살아서 집에 돌아가는 길은 탈출뿐이었다. 그러려면 목숨을 걸고 바다를 건너야 했는데 안타깝게도 그는 수영을 할 줄 몰랐다. 또한, '갑바'라는 별명을 가진 사내의 눈도 피해야 했다. 서른 살쯤 된 사내인데 그가 하는 일은 운동해서 가슴 근육을 키우고 망원경 들고 산에 올라 막사 주변을 감시하는 것이었다.

소년 한일영이 탈출을 결심한 것은 선감학원에 온 지 1년 뒤다. 그는 틈틈이 수영을 익혔고, 갑바라는 사내의 망원경을 피할 방법도 연구했다. 바다에 도착하기 전에 거쳐야 하는 늪 같은 갯벌을 건너는 방법도 모색했다. 탈출했다가 실패해 되돌아온 아이들이 훌륭한 정보원이었다.

두려움에 탈출할 결심이 흐려진 적도 있다. 도망치다가 물에 빠져 죽은 처참한 시체를 보고는 탈출할 결심을 잠시 접기도 했다. 탈출에 실패해 붙잡혀 온 아이가 두들겨 맞는 것을 보고는 의지가 약해지기도 했다. 그러나 자유를 향한 그의 갈망이 죽음의 두려움보다 훨씬 더 강했다.

"누군가 떠밀려 왔다고 하면서 단체로 데려갔는데 따라가 보니 몸이 퉁퉁 불은 시체였어요. 물고기가 뜯어 먹었는지 살점이 군데군데 떨어져 나가 얼굴 형체도 알아볼 수 없고. 어~휴! 그 처참함이란 말로 다 표현할 수가 없을 정도였어요. 이런 식으로 겁을 주는 거죠. 도망치면 이 꼴이 된다고."

모든 준비를 마치고 탈출을 감행한 것은 1974년 여름이다. 선감학원에 온 지 3년 만이고, 탈출을 결심·계획한 지 2년 만이다. 다행히 절친 2명이 그와 함께하고 있어 외롭지는 않았다. 탈출은 낮에 감행했다. 깜깜한 밤에는 목적지인 어섬을 찾아 헤엄을 칠 수가 없어서다. 그들의 탈출 경로는 선감도 갯벌(200여 미터) ⇒ 바다(200여 미터) ⇒ 어섬(화성 송산면)이었다.

갯벌은 거북이처럼 포복해서 건넜다. 늪처럼 푹푹 빠지는 갯벌이라 걸어서 건너기가 불가능해서다. 걸어서 건너다가, 기력이 딸려 미처 빠져나오지 못해 밀물에 휩싸여 죽은 아이도 있다는 것을 소년 한일영은 알고 있었다.

갯벌을 건너고 나니 바다가 그들의 앞을 막았다. 먼발치에서 보던 것보다 어섬은 훨씬 더 멀었다. 기가 질린 친구 하나는 '꼭 살아서 돌아가라'는 말을 눈물과 함께 남기고는 선감학원으로 되돌아갔다. 그 친구가 무사히 갯벌을 건너 돌아갔을지, 만약 돌아갔다면 선감학원에서 어떤 고초를 겪었을지 40여 년이 훌쩍 지난 지금도 알 수가 없다.

"바다에 뛰어드는 순간 '죽느냐 사느냐'가 시작되는 거예요. 무척 두려웠죠. 죽은 아이 시체를 실제로 봐서 두려움이 더 컸어요. 그래서 친구하고 서로 떨어져서 헤엄치기로 약속했어요. 헤엄치다 힘이 빠지면 옆 사람을 물귀신처럼 붙잡고 늘어질 수가 있거든요. 한 명이라도 살아야 하잖아요. 어섬에 거의 다다랐을 즈음 힘이 바닥나 발이 저절로 물속으로 빠져들었는데, 그때 무엇인가 발을 꽉 물었어요. 아마 게였을 거예요. 그 녀석이 제 생명의 은인이죠."

게한테 발을 물린 소년 한일영은 깜짝 놀라 발을 디뎠다. 발에 무엇인가 밟혔다. 땅이었다. 땅을 딛고 서니 물이 가슴 부근에서 넘실거렸다. 게가 발을 물지 않았다면 살기 위해 몸부림치다가 기력이 다해 죽게 됐을지도 모른다.

∷ 죽은 줄 알았는데 살아 돌아와 정말 고맙다

기력이 바닥난 소년들을 기다리는 것은 굴 양식장에서 일하는 어섬 주민들이었다. 도망쳐야 했지만 한 발짝을 뗄 힘도 남아 있지 않았다. 한 중년 사내가 비릿한 웃음을 흘리며 소년 한일영의 손을 잡았다.

"선감학원에서 도망쳤지?"
"네! 집에 가야 돼요. 제발 도와주세요."
"우리 집에 갈래, 아니면 선감학원으로 돌아갈래?"

청천벽력 같은 소리였다. 생각할 것도 없이 선감학원으로 돌아가지는 않겠다고 대답했다. 이렇게 해서 두 소년의 노예 생활이 시작됐다.

"죽지 않고 바다를 건넌 아이는 먼저 보는 사람이 임자였던 거예요. 선감학원에 보내겠다는 협박 한마디면 우린 꼼짝도 할 수 없으니까요. 한 푼도 안 주고 맘껏 부려먹는 거죠. 그날 밤 그 집 광(창고)에 숨었는데 선생들 목소리가 들리는 거예요. 저를 찾는 소리죠. 숨이 멎는 것 같았어요."

어섬에서 그가 한 일은 지게에 굴을 지고 나르는 일과 굴을 까는 일 등이다. 밀물 때는 망둥이 낚시도 해야 했다. 시킬 수 있는 일은 다 시킨 것이다. 그래도 밥을 많이 먹을 수 있어 좋았다. 부부싸움을 하면 화풀이 삼아 쥐어박기는 했지만 선감학원에서 당한 매질에 비하면 아무것도 아니어서 견딜 만했다.

소년 한일영 말고도 주민들한테 붙잡혀 노예 생활을 하는 아이가 몇 명 있었다. 그중에는 함께 탈출한 절친도 있었지만 만날 수는 없었다. 작당 모의를 해서 도망칠까 봐 소년들의 만남을 철저히 막았기 때문이다. 주민 전체가 한통속이 돼 소년들을 감시했기에 가능한 일이었다. 결국, 그가 집에 돌아갈 수 있는 길은 탈출뿐이었다.

어섬에서 노예 생활을 시작한 지 1년여 만에 그는 탈출에 성공했다. 마을 사람 모두가 산신제를 지내기 위해 산에 오른 날이었다. 썰물 때라 바닷길(개미 다리)도 열려 있었다. 혹시 누군가를 마주치지 않을까 가슴 졸이며 그는 800여 미터를 쉬지 않고 달려 마산포(화성 송산면)로 건너왔다.

마산포는 안심할 수 없는 곳이었다. 어섬과 가까워 누군가 붙잡으러 오지 않을까 두려웠다. 그래서 그는 큰길을 피해 작은 길만 골라 타고 이동했다. 밤을 낮 삼아 걷고 또 걸었다. 차비를 빌려주는 고마운 이도 만났다. 이렇게 해서 1975년 초여름에 서울 삼선교(성북구)에 있는 삼촌 집에 도착했다. 5년 전인 1970년 그가 13살의 나이로 찾아가던 삼촌 집에 18살이 되어서야 도착한 것이다.

"죽은 줄 알았는데 살아서 돌아와 정말 고맙다."

지금도 그의 귓가에는 이 말이 가끔 들린다. 어머니가 18살이 되어 돌아온 아들한테 한 말이다.

판사도
전두환 눈치만 봐

＿ 선감학원을 벗어난 뒤에는 또 다른 국가 폭력이 기다리고 있었다.

"선감학원에서 장난삼아 새긴 문신 탓이었을 거예요. 아무런 잘못도 없는데 끌고 간 것이죠. 나중에 알고 보니 경찰서별로 할당량이 있었다고."

1980년, 그의 나이 23세 때를 그는 결코 잊을 수가 없다. 국가가 그를 또 한 번 짓밟은 해다. 그는 불심 검문에 걸려 신군부가 불량배 소탕이란 명분으로 만든 삼청교육대(三淸敎育隊)에 영문도 모른 채 끌려갔다. 지옥의 소년 수용소 선감학원을 탈출한 지 5년 만에 또 다른 지옥으로 끌려간 것이다.

"부모들 부탁을 받고 뚝섬유원지(뚝섬 한강공원)에서 초등학생 7명 보호자 역할을 하던 중이었어요. 저도 옷을 벗고 아이들과 함께 수영하고 있었죠. 갑자기 경찰이 다가오더니 경찰서로 가자고. 제가 끌려가니까 어휴! 애들은 울고불고 난리가 나고."

성동경찰서를 거쳐 그가 끌려간 곳은 육군 5사단(경기도 연천) 연병장이다. 차에서 내리자마자 사방에서 총소리가 들렸다. 빨간 모자를 뒤집어쓴 조교들이 미친 듯이 날뛰며 젊은이 노인네 가리지 않고 짓밟았다. '좌로 굴러', '우로 굴러'라는 소리만 나면 겁에 질린 사람들이 통나무처럼 굴렀다. 그 틈에 끼어 한일영 씨도 1시간 넘게 무지막지한 폭력에 시달렸다.

"국민을 보호해야 할 군인이 죄 없는 민간인을 이리 무지막지하게 때려도 됩니까?"

모진 매질을 견디다 못한 그가 느닷없이 일어나 조교들에게 한 말이다. 이 말이 그를 고통의 수렁 속으로 밀어 넣었다. 이 한마디 때문에 조교들에게 찍혀 그는 남들이 쉬는 시간에도 계속 얼차려를 받았는데, 특히 견디기 힘든 것은 '지옥탕'이었다.

"연병장 한쪽에 있는 구덩이인데, 그 안에 진흙과 물, 오줌이 뒤범벅돼 있었어요. 단체로 소변을 보는 곳이거든요. 그곳에 저를 집어넣고는 잠수를 시키는 거예요. 숨이 막혀 나오려고 하면 긴 막대기로 머리를 눌러 버리고요. 그 오물을 입과 코로 수도 없이 넘기며 견뎌야 나올 수 있어요. 식사 시간을 뺏고는 자기들이 먹다 버린 음식 쓰레기를 내밀기도 했는데, 배가 너무 고파서 어쩔 수 없이 먹을 수밖에 없었어요. 그러면서 한 달을 버틴 거죠."

:: 죽으려고 혀 깨무니 아프고 피만 나와

지옥 같은 한 달간의 순화교육을 마쳤지만, 그는 집으로 돌아갈 수 없었다. 입소 첫날에 입바른 소리를 한 탓이다. 근로봉사대라는 곳에 끌려갔는데, 그곳도 순화교육장과 별반 다를 게 없었다. 맞고 얼차려 받고, 거기에 강제 노동까지 얹혀 있는 곳이었다. 이미 '찍힌' 그에게 가해지는 매질과 얼차려는 특히 더 심했다.

'이렇게 당하다가는 죽겠다'는 생각에 그는 탈출을 결심했다. '부대 주변에 발목 지뢰가 수두룩하다'는 군인들 말이 거짓이거나 과장임을 이미 눈치챈 터였다. 탈출을 막기 위해 그랬을 것이다. 군인들 말이 사실일지라도, 운이 나빠 발목 지뢰를 밟고 죽는 한이 있더라도 지옥을 탈출해 자유를 찾고 싶었다. 어차피 아무 잘못 없이 납치당해 끌려왔으니 선감학원처럼 무사히 탈출만 하면 괜찮을 것이라는 순진한 마음도 탈출을 결심하는 데 한몫을 했다.

근로봉사대에 끌려간 지 두 달여쯤 되던 어느 날, 그는 오전 작업이 끝날 때쯤 소변을 보러 가는 척하며 숲에 들어가 납작 엎드렸다. 군인들 눈을 피하려고 포복을 해서 숲을 빠져나온 뒤 기차 소리가 나는 방향으로 이동했다. 군인들 모습이 보이면 다시 납작 엎드려 몸을 숨겼다. 이런 식으로 부대 3개를 통과해 그는 기차역(신탄리역)에 도착했다.

그는 역 주변에 숨어 날이 어두워지기를 기다렸다. 흙투성이 군복, 이 차림새 자체가 '군부대에서 도망친 사람'임을 알리는 광고판 같아 사람들 앞에 나설 수가 없어서다. 땅거미가 내려앉을 무렵 그는 기차에 몰래 올라타 화장실에 숨었다. 잠시 후 기차가 덜컹거리며 출발했다. 그의 심장이 요동쳤다. 드디어 집에 가는구나!

그러나 기쁨은 아주 잠시뿐이었다. 어쩐 일인지 대광리역에서 멈춘 기차는 출발을 하지 않았다. '군부대 사정으로 연착한다'는 방송만 여러 번 들렸다. 도망쳐야 하는데 어쩐 일인지 발이 바닥에 붙어서 떨어지지를 않았다. '착 착 착' 하는 군화 소리가 화장실 앞에서 멈추더니 문이 열렸다.

헌병들은 "네가 한일영이지?"라고 묻고는 대답도 듣지 않고 그를 끌어내려 차에 태웠다. '이제 끝이구나, 차라리 죽자!' 그는 있는 힘을 다해서 혀를 깨물었다. 혀는 끊어지지 않고 피만 입안에 가득 고였다. 엄청나게 아프기만 했다.

그가 두려워한 것은 근로봉사대에 다시 끌려가는 것이었는데, 불행인지 다행인지 그는 군사재판을 받고 공주 교도소로 넘어가 1년간 감방 생활을 하게 된다. 불량배 검거령인 '계엄 포고령 13호'를 위반했다는 이유였다.

:: 대쪽 판사는 개뿔, 전두환 하수인이었을 뿐

근로봉사대에 돌아가지 않고 재판을 받은 것은 그의 선택이었다. 느닷없이 끌려와 입바른 소리를 한 탓에 찍혀서 고초를 겪은 사정을 이야기하자, 군 헌병대 장교는 그에게 A급과 B급을 선택할 기회를 주었다.

A급은 군법회의에서 재판을 받아야 하고, B급은 순화교육 후 근로봉사를 해야 하니, 형식만 놓고 보면 A급이 더 무거운 벌이다. 그러나 한일영 씨는 A급을 선택했다. B급을 선택하면 그가 목숨을 걸고 탈출한 그 끔찍한 근로봉사대로 돌아가야 하기 때문이다.

"전과 기록이 남을 수 있지만, 당시는 그걸 걱정할 수가 없었어요. 일단 살고 봐야 하잖아요. 재판을 받게 되면 법정에서 저의 억울함을 밝힐 수 있겠다는 기대감도 있었고요."

그러나 군사법원은 그의 호소를 들어주지 않았다. 대법원도 국가 편이었다. 그를 재판한 대법원 판사 중에는 '대쪽 판사'라는 별호를 가지고 정치에 입문, 나중에 대통령 후보까지 된 이회창 씨도 있었다. 한일영 씨는 재판과 관련한 이야기를 하며 "대쪽은 개뿔, 전두환 눈치만 본 주제에!"라고 지나가는 말처럼 여러 번 뱉었다.

교도소에서 1년을 복역하고 나왔지만, 그게 끝이 아니었다. 삼청교육대 출신이라는 꼬리표가 그를 따라다니며 괴롭혔다.

"도대체 나하고 무슨 원한이 있다고, 한 달에 한두 번씩 경찰이 조사를 하러 오는 거예요. 그것도 꼭 직장으로 쫓아와서 삼청교육대 갔다 왔다고 광고를 하니 어떻게 직장에 다닐 수 있겠어요? 참 배려심도 없는 사람들이죠. 파출소로 오라고 해도 될 것을."

그래서 그는 정상적인 사회생활을 할 수가 없었다. 넝마주이, 고철 수집 같은 일을 하며 살아야 했다. 절망감에 자살 시도만 3~4차례 했지만 모질지 못해서 그런지 성공하지는 못했다. 다행히 착한 부인을 만나 마음을 잡고 대전에 정착해서 아들딸 낳고 살고 있지만, 생활은 여전히 어렵다. 최근에야 간신히 기초 생활수급자 신세를 벗어날 수 있었다.

그는 아직도 선감학원과 삼청교육대의 악몽 속에 살고 있다. "국가가 내 인생을 망쳤다. 꿈을 꿀만 하면 나를 구렁텅이에 빠뜨렸다."고 입버릇처럼 말하는 것을 보며, 그가 아직도 악몽에서 벗어나지 못했음을 알 수 있었다.

"'전두환이 삼청교육대만은 잘 만들어 놓았다'고 하는 사람들이 정말 미워요. 교회 목사님이 이 얘기를 해서 대판 싸운 적도 있어요. 지금도 그 교회 안 나가고요."

인터뷰를 거의 마칠 즈음에 그가 한 말이다. 억울함과 원망의 깊이가 어느 정도인지를 확인시켜준 말이었다. 국가란 도대체 무엇인가? 국가는 국민에게 어떤 존재여야 하는가를 곱씹게 해준 말이기도 했다.

복수

밤만 되면
지옥

_ 강단 있어 보이는 단단한 체구에 굳은살 박인 주먹. 무술을 수련한 스님이신가? 눈에서 빛이 쏟아지는 것을 보니 그럴 것도 같았다.

무척 날카로운 인상이라 웃지 않으면 말 붙이기조차 쉽지 않았다. 다행히 그는 자주 웃었다. 50대 후반이라는 나이가 무색하리만치 해맑은 웃음이라 미소만으로도 주변을 온통 환하게 했다. 그 미소 덕분에 비밀스럽기까지 한 그의 인생을 귓속에 담을 수 있었다.

그의 이름은 곽은수, 법명은 혜법(慧法)이다. 경상북도 안동에 있는 영산암(靈山菴)이라는 절의 주지 스님이다. 지옥의 수용소로 알려진 선감학원 출신으로는 드물게 성직자인 승려가 된 인물이다.

그를 만난 것은 3월 15일(2017) 오전, 봄 햇살이 산과 들을 파고들어 가만히 있어도 마음이 달뜨는 그런 날이었다. 친절하게도 그는 안동 버스 터미널까지 마중 나와 주었다.

'끔찍한 기억이라 말하기 쉽지 않을 텐데!'라는 마음에 쉽게 말을 걸 수가 없었다. 눈치를 챘는지, 그는 묻지도 않았는데 "(선감학원에 잡혀가기 전)어렸을 때 기억도 어렴풋이 납니다"라며 말문을 열었다.

:: 수원시청 공무원에게 납치돼 죽음의 수용소로

부모도 있고, 형제(형 둘, 누나 하나, 동생 둘)도 있었으니, 소년 곽은수는 선감학원에 갈 이유가 전혀 없는 아이였다. 선감학원 수용 대상자는 부모·형제 없이 거리를 떠도는 부랑아였다. 그런 그가 어째서 선감학원에서 8년여씩이나 지옥 같은 생활을 했던 것일까?

8살 무렵이니 분명 학교에 가야 할 나이였지만 그는 초등학교에 입학하지 못했다. 이유는 잘 모른다. '호적에 여자로 올라 있어 입학하지 못한 것 같다'고 그는 어렴풋이 기억하고 있다. 아버지는 농사를 짓느라 바빴고, 형과 누나는 학교에 다녔다. 쌍둥이 동생은 갓난아이였다. 또래 친구는 원래 없었다. 그래서 그는 늘 심심했다.

어느 날, 마을에 또래 아이들 몇몇이 나타났다. 그는 그 아이들과 함께 해지는 줄 모르고 여기저기 쏘다니며 놀았다. 칼싸움도 하고 숨바꼭질도 했다. 한참 놀다 보니 낯선 곳이었다. 큰 성이 보였고 자전거포도 있었다. 어디선가 파란색 자동차가 나타났다.

그 차를 보자마자 함께 놀던 동무들은 눈치를 채고는 모두 달아나버렸다. 하지만 시골뜨기 소년 곽은수는 동무들이 왜 달아나는지 알 수 없었다. 잠시 후 파란 차에서 방망이를 든 사람들이 내렸다. 다짜고짜 그를 잡아끌어 차에 태우려 했다. 겁이 난 그는 집에 간다고 울부짖으며 끌려가지 않으려고 버텼다. 그 순간 방망이가 그의 머리에 묵직하게 떨어졌다. 소년은 그 자리에서 똥과 오줌을 지렸다. 그리고 말을 잃었다. 그가 끌려간 곳은 수원시청이었다.

"그때 아마 아이들을 잡으러 다녔나 봐요. 그 애들(동무들)은 눈치를 채고 도망친 거죠. 똥오줌을 싼 채로 끌려다녔는데, 자기네들끼리 막 웃고 떠드는데 난 뭐가 뭔지도 모르겠고, 머리를 얼마나 세게 맞았는지 정신도 없고. 그 이전에는 그렇게 세게 맞아본 적이 없었으니까요. 시청에서 집이 어디냐고 묻는데 말이 안 나오는 거예요. 주소도 몰랐고요. 그래서 그냥 어눌한 말투로 '저~기, 저~기'라고 한 것 같아요. 그랬더니 '저기가 어디냐'며 자기들끼리 또 웃고. 이름을 묻는데 대답을 못 해서 또 몇 대를 맞았어요. 그러니 주눅이 들어서 더 말을 못하죠. 누군가 그냥 '한용수'라고 하자고 해서 제 이름이 한동안 '한용수'였어요."

:: 머리 박박 밀고, 담요 씌운 다음 짓밟고

소년 곽은수는 이렇게 공무원에게 납치돼 사방이 바다로 막힌 선감학원으로 끌려갔다. 가자마자 머리를 박박 밀린 다음 막사를 배정받았다. 군대 내무반처럼 침상이 양쪽에 놓여 있는 방이었다. 신고식은 혹독했다.

"원 없이 맞았어요. 담요 씌워놓은 다음 짓밟고 발로 가슴팍 걷어차고 따귀 후려치고, 생지옥이 따로 없었죠. 신고식 다음 날에는 점호에 늦었다고 또 맞았고요."

이렇게 시작된 매질은 그 뒤로도 계속됐다. 매질을 당한 이야기를 할 때마다 그의 입에서 '아이고!'라는 탄식이 흘러나왔고, 그때마다 표정이 굳어졌다.

"집합이 제일 무서웠어요. 종을 세 번 치는데, 그날은 무조건 맞는 날이에요. 선착순 해서 3등 안에 못 들면 '매타작'였으니까요. 4등은 한 대, 5등은 두 대⋯. 곡괭이 자루로 열 대 넘게 맞는 경우도 허다하지요. 또 사장(**막사의 장**)이 선생한테 불려가서 맞고 오면 그날은 정말 사장한테 죽도록 맞는 날이고요. 선생이 원생들 간 폭력을 부추긴 거죠. 선생한테 맞는 것보다 같은 원생인 사장, 방장한테 맞는 게 더 무서웠어요."

심지어 그는 곽은수로 이름이 바뀌는 날도 심한 매질을 당했다. 이름을 찾은 게 아니라 바뀌었다고 한 이유는, 곽은수라는 이름도 본명이 아니기 때문이다. 그가 기억하는 그의 이름은 '은주'다. 성은 박인지, 곽인지 정확하게 기억하지 못한다. 박은주가 아니면 곽은주이다. 그런데 어째서 곽은수로 사는 것일까?

"선감학원에 들어가고 한 2년 뒤 11월 25일 날, 이름 같은 것을 다시 조사했어요. 생일도, 그냥 그날로 정했고요. 진짜 이름이 뭐냐고 묻는데, 그때까지도 전 말을 못했어요. 그랬더니 말 안 한다고 따귀를 후려치는데 얼마나 세게 쳤는지 그대로 몸이 날아가서 엎어졌어요. 등허리를 발로 짓밟고, 아이고! 그 작은 몸뚱이 어디 밟을 데가 있다고. 이렇게 막 다그치니까 제 입에서 '은주'라는 말이 튀어나왔어요. 선생이 '은수?'라고 다그쳐서 아니라고 하면 또 맞을까 봐 고개를 끄덕끄덕 한 거죠."

매질과 함께 엄청난 얼차려도 가해졌는데, 군대보다 더 혹독한 수준이었다. 그의 주먹에 박인 굳은살, 알고 보니 무술수련을 한 흔적이 아니라 혹독한 얼차려의 후유증이었다.

"'골바(원산폭격)'라고 하면 머리를 땅에 박아야 돼요. '돌아' 하면 머리 박은 채로 뱅뱅 돌아야 하는데, 머리에서 피가 철철 흘러도 멈추지를 않아요. 주먹 쥐고 엎드려뻗쳐서 굴 껍데기 위를 기어 다니기도 했는데, 한번 시작하면 굴 껍데기에 피가 흥건해집니다. 이 굳은살이 다 그때 박인 거예요."

:: 지옥에서 만난 사람들, 지금도 만나기 싫어

혹시나 하는 마음에 "성폭행은?"이라고 묻자 그는 잠시 주저하는 듯

하다가 입을 열었다.

"곱상하게 생긴 애들은 다 당했다고 보면 돼요. 선배들한테요. 저도 피할 수는 없었고요. 이거 어디 가서 말도 못할 일이에요. 걸음을 못 걸을 정도로, 대변을 못 볼 정도로 심하게 당한 아이도 있어요. 밤만 되면 지옥이었죠. 장○○, 물새 이놈들이 아주 유명했는데, 밤만 되면 애들을 창고로 불러내서! 그 사람들(가해자) 아마 나이 아무리 많이 먹어도 이거 말 못할 거예요. 더 고통스러운 것은 '놀림'이에요. 당하고 나면 '○○ 띤겼다(뜯겼다)'고 막 놀려요. 그러니 선감학원 자체가 지옥인 거죠."

선감학원 출신들은 이런 이유 등으로 지금도 서로 만나는 것을 꺼린다. 지옥에서 살아남으려다 보니 서로에게 상처를 줄 수밖에 없었고, 지금도 그 상처가 아물지 않았기 때문이다. 폭력은 선·후배 간에만 일어난 게 아니었다. 또래 동기들 간에도 빈번하게 일어났다.

"싸우다 걸리면 이긴 놈이나 진 놈이나 죽도록 맞는데, 그래도 싸움이 자주 일어났어요. 서로 위에 서려고 하는 거죠. 강할수록 고통을 덜 받으니까요. 정말 무식하게 싸웠어요. 짱돌로 무조건 찍고봐요. 한 번 이겼다고 이긴 것도 아니에요. 기회 보다가 갑자기 또 찍거든요. 잠들면 눈깔 뽑는다고 위협하기도 하고요. 그래서 진짜 잠을 못 자는 녀석도 있었어요. 결국, 누군가 빌어야 하는데 절대 안 빌어요. 빌면, 나갈 때까지 꼬붕(부하)이니까요. 어이구! 지금 생각해 봐도 인간 세상이라고 볼 수가 없어요."

그의 말대로 선감학원은 인간 세상이라고 볼 수 없었다. 약육강식이
지배하는 동물들의 세계였다. 약한 자는 고통 속에 살다가 어느 날 어
디론가 사라졌다. 고통에 못 이겨 도망치다 죽은 아이도 부지기수라고
한다.

"빌빌거리는 애들은 살 수가 없어요. 아파서 의무실 갔다가 안 돌
아오면 죽었다고 봐야 해요. 머리가 느린 고문관이라고 하는 애들
도 마찬가지고요. 허구한 날 두들겨 맞다가 의무실 간 다음에 안
돌아오면 그것도 사실 죽은 거고요. 때려죽여도 그만이에요. 도망
쳤다고 하면 되니까요. 실제로 마루 밑에서 아주 작은 해골이 나온
적도 있어요. 누군가 몰래 묻었겠지요. 도망치다 파도에 떠밀려 죽
은 아이도 많고요. 도망치다가 붙잡히지 않았다면 성공했거나 죽었
거나 둘 중 하나인데, 성공했다는 이야기는 별로 듣지 못했어요. 사
람 목숨이 파리 목숨이었던 거예요."

스님이
아니었다면

_ 소년 곽은수는 함께 지내던 친구들의 죽

음을 목격하기도 했다. 이름까지 똑똑히 기억하고 있다. 광수와 여명구라는 소년이다. 그는, '광수라는 소년은 분명 선생한테 맞아 죽은 것'이라고 몇 번을 힘주어 말했다. 그러나 학적부에는 익사로 기록돼 있다.

"여명구는 도망치다가 물에 빠져 죽어 떠내려와서 묻어 주었어요. 그나마 섬으로 떠내려왔으니 다행이지 바다로 떠내려갔으면 시신도 못 건져요. 광수는 사실상 맞아서 죽은 거예요. 집에 가고 싶다고 자꾸 징징대니까 어느 날 선생이 불러 가서는 얼마나 두들겨 팼는지, 돌아왔는데 일어서지를 못하는 거예요. 그런 애를 여름에 목욕시킨다고 저수지에 넣었으니 어이구! 애를 건져냈는데 온몸이 아주 새파랬어요."

∷ 탈출하다 붙잡혀… 개구리 생으로 씹어 먹고

스님 곽은수는 '물좌수(별명)'라는 인물을 똑똑히 기억하고 있었다. 자신을 가장 심하게 괴롭힌 선감학원 선생이다. 그는 첫 번째 탈출에 실패하고 붙잡혀와 물좌수라는 선생한테 죽음의 공포를 느낄 만큼 심한 매질을 당했다.

초등학교 5학년 때 일이다. 그는 선감학원에서 생활하면서 선감도에 있는 유일한 학교인 선감 초등학교에 다녔다. 물이 빠지는 썰물에 바다를 건너야 했는데, 그는 물때를 못 맞추고 그만 밀물 때 바다에 뛰어들어 탈출에 실패했다.

"그때 물좌수한테 정말 헤아릴 수 없이 많은 매를 맞았어요. 곡괭이 자루로 100대 넘게 맞았는데, 속옷이 피하고 엉겨 붙어서 엉덩이에서 떨어지지를 않는 거예요. 맞다가 땅에 엎어지면 허리고 등이고 사정없이 내려치고, 어휴~. 그래서 지금도 제가 허리가 안 좋아요. 그때 저는 이미 죽은 거예요. 피범벅이 된 채로 3일을 굶었으니 살아난 게 기적이지요. 거긴 아프다고 해서 밥 갖다주고 그런 거 없어요. 죽으면 그만이에요. 살려면 자기 발로 걸어서 식당에 가야 돼요. 어떻게든 살아야겠다는 생각에 막사에서 나와 도랑까지 기어가서 속옷을 물에 불려서 떼어내고 보니, 땅강아지가 한 마리 기어가는 거예요. 그거 주워 먹고, 논물 마시고, 개구리 잡아서 산 채로 씹어 먹고. 그러고 나서 기운 차려서 움직인 거죠."

이때만 배가 고팠던 것은 아니다. 폭력과 함께 배고픔도 소년들의 일상이었다. 밥이라고 해 봐야 꽁보리밥에 단무지 반찬 정도, 그나마 한 주먹도 안 되는 양이었으니 성장기 소년들 배를 채워주기엔 턱없이 부족했다. 이나마 거르지 않고 먹을 수만 있다면 좋으련만, 소년들은 그럴 수 없었다.

"툭 하면 굶었어요. 뽕잎 따기, 풀 뽑기, 산을 논으로 개간하는 일을 했는데 작업량을 채우지 못하면 식당에 들여보내질 않는 거예요.

어떤 날은 새벽에 일하러 나가기도 했는데, 작업량을 못 채우면 아침을 거르게 되는 거죠. 간신히 작업량을 채우고 식당에 갔는데 밥이 없으면 정말 피눈물 납니다. 특히, 힘이 약한 아이들 고통이 심했어요. 힘센 아이들한테 툭 하면 밥을 빼앗겼으니까요. 밥 먹는 데 집합을 하는 경우도 있었어요. 선착순이니까 맞기 싫으면 밥숟가락 놓고 뛰어야 하니, 그때도 굶는 것이고요. 밥을 손에 쥐고 먹으면서 뛰기도 하고, 주머니에 넣고 뛰기도 했는데, 어떤 날은 주머니 검사도 했어요. 밥풀이 나오면 맞는 것이고요. 이래나 저래나 맞는 거예요.”

배고픈 소년들 배를 채워준 것은 개구리, 뱀, 쥐 같은 동물들이었는데, 그마저도 귀했다. 먼저 발견한 사람이 임자였다. 쥐를 그슬려서 든든하게 배를 채운 날은 '횡재수'가 있는 기분 좋은 날이었다. 인체에 치명적인 독이 있다는 복어도 가릴 처지가 아니었다. 어느 부위에 독이 있는지 정확히 알지 못해 내장을 빼고 머리를 자른 다음 구워서 먹었다. 다행히 복어 독 때문에 죽은 사람은 없었다.

∷ 쥐 고기 먹은 날은 '횡재수' 있는 기분 좋은 날

소년 곽은수는 두 번째 탈출에 성공했다. 초등학교 6학년 때였다. 물때를 잘 맞춰 썰물을 탄 덕분이다. 절친 윤동수와 이름도 기억나지 않는 선감학원생 3명과 함께 총 5명이 바다를 헤엄쳐 선감도를 빠져나왔다. 공무원에게 납치되어 붙잡혀 간 지 8년여만의 탈출이었다.

마산포(경기 화성)에 당도한 그는 주민들 눈을 피하며 그의 고향 수원
까지 걸어서 갔다. 주민들 눈에 띄면 다시 선감학원으로 붙잡혀 가든
지, 아니면 머슴이 될 수도 있기 때문이다. 당시 선감도 인근 주민들은
'돌아가서 죽도록 맞을래, 우리 집에서 일할래?'하는 식으로 탈출한 소
년들을 괴롭혔다. 실제 머슴이 되어 수년간 일을 한 소년도 있고, 주민
들 신고로 붙잡혀 와 죽도록 맞은 소년도 있다고 한다.

소년 곽은수는 절친 윤동수와 자신의 고향인 수원까지 함께 왔다.
나머지 일행과는 마산포 인근 바다에서 헤어졌다. 물살이 센 곳을 헤
엄쳐 건넜는데 돌아보니 일행 셋이 보이지 않았다. 스님 곽은수는 그들
이 물살을 이기지 못하고 바다로 떠내려가서 죽었을 것으로 추측했다.

갖은 고생 끝에 고향인 수원에 도착했지만, 그를 기다리는 것은 따
뜻한 집이 아니었다. 절망뿐이었다. 집을 찾기 위해 기억을 더듬어 봤
지만, 그가 꿈에도 그리던 집은 찾을 수 없었다. 너무 어릴 때 떠났기
때문이었다. 수원시청을 찾아서 사정을 이야기하고 집을 찾아 달라고
했지만, 돌아온 것은 '호적도 없는데 무슨 수로 찾느냐'는 대답뿐이었
다. 이름도 정확하지 않고 주소도 모르는 상황에서 집을 찾아주기가
쉽지는 않았을 것이다.

그때야 소년 곽은수는 자신이 호적도, 주민등록도 없는 이 사회의 외

톨이라는 사실을 절감할 수 있었다. 하다못해 관공서에 집을 찾아 달라고 하는데도 호적이 필요한데, 그러려면 선감학원에 다시 돌아가야 했다. 선감학원에서 살았던 사람이라는 증명(성장 증명서)이 필요했기 때문이다. 이 때문에 소년 곽은수는 탈출한 지 5년만인 1982년 1월에 다시 그 지긋지긋한 선감학원을 자기 발로 찾게 된다.

"그때도 물좌수란 놈한테 엄청나게 두들겨 맞았어요. '도망간 놈이 왜 왔느냐, 여기가 네 집 안방이냐?'고 하면서, 허~참! 정말 어질어질할 정도로 많이 맞았어요."

스님 곽은수는 이렇게라도 호적을 만든 것을 천만다행으로 생각하고 있었다. 미처 호적을 만들지 못한 선감학원생들의 미래는 정말 비참했기 때문이다.

"호적을 못 만든 애들은 대체로 일찍 죽었어요. 생각해 보세요? 호적이 없으면 어떤 일이 벌어질지를. 이건 뭐 간첩도 아니고. 취직을 할 수 있었겠어요. 결혼을 할 수 있었겠어요? 구두닦이, 신문팔이 전전하며 실의에 빠져 살다가 술독에 빠지기도 하고, 그러다가 나이 들면 죽는 거지요. 범죄에 빠져서 헤어나지 못한 아이도 있고요. 실제로 마흔 안팎에 죽은 아이들이 많아요. 내 친구 동수도 그렇게 죽었고요."

:: 만약 호적이 없다면 어떻게 살게 될까?

소년 곽은수는 마음씨 착한 임 형사라는 경찰 등의 도움으로 호적을 만들 수 있었다. 그 뒤 양평에 있는 한 농가에 맡겨져 농사일을 거들면서 비교적 순탄한 생활을 했다. 스님 곽은수는 임 형사와 양평에 사는 농부를 '고마운 분'으로 기억하고 있다.

소년 곽은수는 스무 살 무렵에 불교에 발을 들였다. 절에서 만난 스님들 보살핌을 받아 우여곡절 끝에 지금은 성직자의 길을 걷고 있다. 하지만 스님이 되기 전 그의 사회생활은 시련의 연속이었다. 집을 끝내 찾지 못한 것은 지금도 천추의 한으로 남아 있다.

"일하면서도 계속 집을 찾기 위해 수원을 들락거렸는데, 끝내 찾지 못했어요. 모든 것을 내려놓고 성직자의 길을 걷고 있지만, 이 소원은 버리지 못했어요. 사회생활! 호적이 있어도 어려운 것은 마찬가지입니다. 적응할 수가 없었어요. 누가 대접을 해 주겠어요? 양평 농가에서 나온 뒤에 배도 타 봤고, 김 양식장에도 들어가 봤고, 하여튼 안 해본 게 없어요. 호적도 없이 집 찾는다고 떠돌 때는 깡통 들고 다니며 한데서 잠을 잤어요. 신문팔이 같은 거 해서 돈 생기면 쌀 사서 깡통에 넣고 끓여서 먹고, 그것도 없으면 풀 같은 거 뜯어서 끓여 먹고 그랬어요, 소 새끼처럼. 기차 몰래 타고 가다가 들켜서 두들겨 맞기도 하고요."

'큰스님'이라는 스승님 말에 따라 여러 차례 1,000일 기도를 하면서, 그는 집을 찾는 일을 비롯한 세속의 일을 내려놓을 수가 있었다고 한다. 자신을 괴롭힌 사람들에 대한 미움과 원망도 내려놓을 수가 있었다.

그러나 스님 곽은수가 되기 이전, 소년 곽은수의 기억에서 벗어나지 못한 시절에는 복수하고 싶은 마음을 버리지 못해 무척 힘들었다고 한다. '승려가 되지 않았다면 정말 복수했을지도 모른다'고 말하는 그의 얼굴에 비장감이 감돌았다.

"누구 때문에 이렇게 됐다, 누구 때문에 내 인생이 곤두박질쳤다는 생각을 참 많이 했어요. 그때, 그 사람들이 나를 잡아가지 않았다면! 그 생각이 안 떠나니까 속에서 뜨거운 게 막 올라와서 괴롭고. 그럴 때마다 찾아서 복수하고 싶고. 내 전생의 업 때문에 이렇게 됐다는 생각은 못 한 거죠. 중(스님)이니까, 다 용서하고 살면 되지 않겠느냐? 그게 아니에요. 나 하나 묻는다고 되는 게 아니에요. 너무 비참하잖아요. 다시는 일어나지 말아야 할 일이죠. 지금도 꿈속에서 '기상'이라는 소리를 들어요. '제2반 인원보고' 하고 소리 질러서 같이 자던 스님들 깨우기도 하고요. 공무원한테 붙잡혀 오는 꿈도 꾸고, 선착순 하는 꿈도 꾸고요. 국가에서 저지른 일이니, 국가로부터 사과라도 받아야겠어요."

:: 용서하자, 그러나 잊지는 말자

소년 곽은수에 관한 기록은 선감학원에서 작성한 것으로 보이는 '원아 대장'에 남아 있다. 부모에게 버림받아 2년간 구걸을 하며 부랑아로 떠돌다가 수원시에서 단속에 걸려 1971년 11월 25일에 선감학원에 들어온 것으로 기록돼 있다.

스님 곽은수는 멋대로 적은 놓은 잘못된 기록이라 지적하며 가족을 만나 제대로 된 자기의 기록을 갖는 게 꿈이라고 말했다. 그나마 이 기록도 스님 곽은수가 지난해 경기도청을 직접 방문해서 힘겹게 찾아낸 것이다.

"제가 선감학원에 들어간 것은 1969년이고 제 이름은 박은주 아니면 곽은주입니다. 여자로 기록돼 있을 수도 있어요. 1971년에 이름 같은 것을 다시 조사했는데, 이게 그때 기록입니다."

성직자로서의 깊은 수양 덕분인지 스님 곽은수의 얼굴에는 늘 미소가 흘렀다. 하지만 소년 곽은수를 회상할 때만은 미소가 걷히고 짙은 그늘이 드리웠다. 스님 곽은수가 소년 곽은수에게 '용서하자, 그러나 잊지는 말자'라고 끊임없이 속삭이고 있다는 것을 그의 얼굴에서 읽을 수 있었다.

비밀

족집게 강사

_ "재미가 가장 중요해요. 사람은 애어른 할 것 없이 모두 재미를 따라가게 돼 있어요."

족집게 과외 선생으로 성공한 비결을 묻자 그는 "그게, 성공인가요?"라며 고개를 갸웃하고는 이렇게 대답했다. 곧바로 "그럼, 유머 감각을 길러야 하겠네요?"라고 묻자, "그것만 가지고는 안 됩니다. 이해하기 쉽게 가르칠 만한 실력이 뒷받침돼야 해요."라고 답했다.

김철화(67세, 가명), 그는 한때 족집게 과외 선생으로 이름을 날린 이다. 배움이 짧아, 선감학원 출신들이 대부분 육체노동을 한다는 점을 고려하면 대단히 특별한 경우다. 놀랍게도 그의 가방끈(학력)은 초등학교 3학년 중퇴다. 그 남다른 이력에 이끌려 그에게 만남을 청했고, 9월 어느 날(2017년) 오전 서울 종각역 인근에서 그를 만났다.

그의 성공 비결은 꽤 흥미로웠다.

"이해하기 쉬워야 수업이 재미있어요. 그런 가운데 약간의 유머를 섞는 거죠. 아이가 어딘가에 걸려 넘어지려 할 때 '넘어질라 조심해.'가 아닌, '야, 조심해서 넘어져!' 하는 식이죠. 그러면 대번에 교실에 웃음이 돕니다. 웃으면, 선생한테 정감이 붙게 돼요. 그리고 칭찬도 아주 중요합니다. 가르치는 사람은 늘 칭찬거리를 찾아야 합니다. 잘한다고 칭찬을 하면 긴가민가하면서도 마음이 공중에 붕 뜹니다. 학습에 의욕이 붙는 거죠. 그러다 보면 잘하게 돼 있어요."

아이들한테 인간적인 신뢰를 얻는 것도 중요한 성공 비결이었다.

"다른 사람을 낮춰서 내가 높아지려 하지 말아야 해요. 다른 학원이나 학교에서 잘못 배워 온 게 있어도 '그 선생님이 틀렸어!'라고 무시(비난)하면 안 됩니다. '다른 반 학생들은 이런 거 잘하지 못해!'라는 식으로 깎아내려도 안 되고요. 그러면 인간적인 신뢰가 떨어져요. 교육적으로도 안 좋고요. 애들은 그것도(무시, 비난) 따라 하거든요."

가장 중요한 성공 비결은 스쳐 지나가는 듯한 말에 들어 있었다.

"저는 애들이 참 예뻤어요. 교실에 쓰레기를 어질러 놓고 가면 그 쓰레기까지도 예뻤어요."

성공 비결이 실타래에서 실 풀리듯 술술 풀리는 것을 보니 왕년에 잘 나가던 과외 선생인 것이 분명했다.

:: 가난해서, 어린 나이에 구두통 메고 있던 게 죄라며 죄

초등학교 3학년이 학력 전부인 그가 도대체 어떤 과정을 거쳐서 족집게 과외 선생으로 이름을 날릴 수 있었던 것일까? 그의 일대기를 들어야 풀릴 수 있는 궁금증이었다.

그는 1963년경에 박정희 쿠데타 정권이 실시한 부랑아 일제 단속(일명 후리가리)에 걸려 납치되다시피 외딴 섬 선감도에 있는 선감학원에 끌려갔다. 그의 나이 13살 즈음, 그를 끌고 간 것은 경찰이었다. 부모·형제가 있고 집도 있었으니, 그는 결코 부랑아가 아니었다. 죄를 짓지도 않았다. 끼니를 잇기 힘들 정도로 가난해 평택역에서 그 어린 나이에 구두통을 메고 있던 게 죄라며 죄였다.

끌려갈 때, "제발 집에 보내주세요!"라는 말은 통하지 않았다. 돌아오는 건 "입 닥쳐!"라는 고함과 발길질뿐이었다. 시커먼 구둣발에 한 번씩 채일 때마다 뼈가 으스러지는 듯한 아픔에 몸이 웅크려 들었다. 나중엔 발길질 시늉만 봐도 몸이 저절로 웅크려 들었다.

가자마자 머리를 박박 밀렸다. 몸에 하얀 가루를 뒤집어쓰기도 했는데, 나중에 알고 보니 몸에 해롭다는 DDT라는 살충제였다. 선감학원, 이름에 학원이라는 글자가 있으니 혹시 공부를 시키거나 학교를 보내주는 게 아닐까 하는 기대는 며칠 만에 무너졌다.

선감학원, 그곳에는 누가 가르쳐 주지도 않은 천자문을 3살 때 줄줄 읽을 정도로 영특한 소년 김철화가 원하는 배움은 없었다. 감당하기 힘든 노동과 견디기 힘든 폭력만이 난무할 뿐이었다. 정말 참기 힘든 것은 이유 없이 맞는 것이었다.

"열여덟, 열아홉 살 정도 된 원생인 사장(막사의 장), 반장이 주로 때렸는데, 바다를 쳐다보고 있으면 한눈판다고 때리고, 무언가 기분이 안 좋으면 행동이 굼뜨다고 때렸어요. 뾰두라지 난 엉덩이를 심하게 맞은 적도 있는데, 너무 고통스러워서 비명을 질렀더니, 엄살 떤다고 정말 죽지 않을 만큼 때렸어요. 그 분함이, 그 고통이 지금도 잊히질 않아요."

:: 바다를 두 번이나 헤엄쳐 건너 얻은 자유

탈출은 운명이었다. 돌아가야 할 집과 만나야 할 부모·형제가 있었으니 결코 포기할 수 없는 일이었다. 잡혀 들어간 지 얼마 되지 않아 첫 탈출을 시도했다. 그러나 갯벌에 발도 들이지 못하고 열여덟, 열아홉 살 정도 된 원생인 경비에게 붙잡혔다. 환한 대낮에 아무런 준비 없이 저질렀으니 당연한 결과였다.

"1년 뒤에 또 도망쳤는데 그때도 갯벌 입구에서 잡혔어요. 잡히면 엄청 맞아요. 다구리(몰매)가 제일 힘든데, 저는 그걸 두 번이나 당했어요. 다구리는 원생들이 죽 늘어서서 주먹질하는 복도를 통과하는 거예요. 보통 아이들은 살짝 때리거나 때리는 시늉만 하는데 반장이나 사장은 달라요. 발로 뼹뼹 차는데, 그러면 저처럼 덩치가 작은 아이는 나가떨어지죠. '더 맞으면 죽고 말지!' 할 정도가 돼서야 멈춥니다."

세 번째 탈출에 그는 성공했다. 잡혀 들어간 지 2년 만이었다. 바다를 두 번이나 헤엄쳐 건너서 얻은 자유였다.

"한 친구가 도망치다 잡혀서 다구리를 당한 날이었어요. 이불 쓰고 울고 있기에 농담처럼 '이번에는 나랑 도망갈래?' 했는데, 대번에 '그러자.'고 하는 거예요. 그래서 그날 함께 도망쳤어요. 경비 눈을 피하려고 아카시아 가시에 찔리면서 하수구를 통과해 갯벌까지 나온 다음 대부도까지 헤엄을 쳤어요. 가까워 보였는데 헤엄을 쳐 보니 굉장히 멀었어요. 물살은 또 얼마나 센지! 힘이 다해서 숨이 꼴깍 넘어가기 직전에 대부도에 닿았어요. 닿고 보니, 헤엄치면서 옷이 다 떠내려가 둘 다 발가벗은 상태였어요."

소년들은 어느 집엔가 널려 있는 빨래를 걷어 몸을 가렸다. 배고픔은 밭에 심어진 무나 토마토 등으로 해결했다. 그러고는 몸을 숨겼다. 마을 사람 눈에 띄면 또 선감학원에 잡혀 들어갈 위험이 있어서다. 도망친 아이를 신고하는 주민에게는 밀가루나 쌀이 건네졌다.

소년들은 마을 사람 눈에 띄지 않도록 몸을 숨겼다가 어둠이 깔리면 나와서 걷기를 일주일간 되풀이했다. 대부도에서 이런 식으로 일주일을 보낸 것이다. 그런 다음에 다시 목숨을 걸고 헤엄을 쳐 선재도에 닿았고, 선재도에서 배를 타고 인천으로 건너왔다.

소년 김철화는 가족을 만날 희망을 안고 평택 집으로 향했다. 그러나 가족은 모두 이사를 가버리고 없었다. 정말로 부랑아가 된 것이다.

∷ 돗자리 파는 데서도 학력 따져, 홧김에 공부 시작

부랑아가 된 소년 김철화를 기다리는 운명은 '열차칸 꼬마'였다.

"그 사람들은 '꼬마 잡았다'고 하니, 저로서는 꼬마 잡힌 거죠. 열차에서 장사하는 사람들인데, 그 사람들한테 잡혀서 그때부터 열차에서 장사를 했어요. 버는 돈은 모두 왕초한테 바치고 저는 밥만 얻어먹는 그런 생활입니다. 거기도 선감학원만큼이나 험했어요. 깡통을 바닥에 놓고는 번쩍 들어서 그 위에 메다꽂는데, 정말 엄청 아파요. 발등을 돌로 찍히기도 했는데, 거의 한 달은 기어 다녔던 것 같아요. 발등에 금이 갔거나 부러졌거나 그랬겠죠."

대전역 보일러실 기억은 지금도 잊히지 않는 악몽이다.

"대전역에 보일러실이 있었는데, 거기서 아무 이유 없이 3시간 정도를 죽도록 맞았어요. 이러다간 죽겠다 싶더라고요. 그래서 돌멩이를 집어서 왕초 뒤통수를 찍어 버렸어요. 그런데 그게 설맞았던지 쓰러지지를 않아서 훨씬 더 두들겨 맞았어요. 맞은 다음 한 번 더 찍었는데, 그 후부터는 안 맞았어요. 독종이라는 소문이 난 덕분이죠."

소년은 스무 살이 다 돼서야 꼬마 생활을 마치고 자유를 얻을 수 있었다.

"그곳 룰(규칙)이 그래요. 스무 살 정도 되면 자유롭게 장사를 할 권한을 줍니다. 근데, 그것도 단속이 심해서 힘들어요. 공안(철도 경비원)에 걸리면 벌금을 내거나 구류를 3일 살아야 해요. 저는 몸으로 때웠죠. 집을 찾아 그 생활을 그만둘 때까지 20번 이상은 갇혔던 것 같아요."

자유를 얻게 된 소년 김철화는 사촌이 일산역 부근에 살았던 기억을 떠올렸고, 그 기억을 더듬어 결국 사촌을 찾아 그의 도움으로 9년여 만에 부모·형제를 만나게 된다. 그러나 기쁨도 잠시였다.

"가족들이 너무 가난하게 살고 있었어요. 제 수중에 8,000원이 있었는데 금세 생활비로 없어졌어요. 당시 쌀 한 말이 400원이었으니 적은 돈이 아니죠. 제가 돈을 벌어야 했어요. 그래서 취직을 하려 했는데 초3 학력으로는 아무것도 할 게 없는 거예요. 돗자리를 파는 곳에서도 학력을 따져서 얼떨결에 ○○고등학교 나왔다고 거짓말을 했어요. 그랬는데 그 정도 나와서는 안 된다는 거예요. 정말 울화가 치밀더라고요. 돗자리 파는 데 도대체 왜 고학력이 필요할까요? 그래서 공부를 시작한 거죠. 중학교 책 사서 혼자 공부했는데, 검정고시를 보려 했던 것인데 일이 좀 이상하게 풀렸어요."

지우고 싶은 기억

_ 9년여 만에 만난 가족들의 생계를 책임져야 했던 청년 김철화, 그가 초등학교 3학년 중퇴라는 학력으로 어렵사리 구한 일은 신문과 학습지 배달이다. 마흔 곳 넘게 문을 두드린 끝에 구한 직장이었다.

배달을 나가는 그의 손에는 학습지와 함께 늘 책이 들려 있었다. 하얀 종이로 겉표지를 싼 중학교 교과서였다. 자투리 시간에 틈틈이 공부하기 위해서다. 공부할 시간이 워낙 부족해 어쩔 수 없는 일이었다. 이 책이 그의 인생을 색다른 길로 인도하게 된다.

"스무 살이 넘은 나이에 중학교 책을 들고 다닌다는 게 창피스러워 하얀 종이로 포장해서 들고 다녔는데, 그 때문에 학부형들이 저를 재수생으로 오해한 거예요. 어느 날 쌍둥이를 둔 학부모가 자기 아이들을 좀 가르쳐 달라고 하는데, 참 난감했어요. 매일 책 들고 다니면서 못 배웠다고 하기도 좀 그렇고. 그래서 시간이 없어서 못 하겠다고 둘러댔는데도, 그 학부모가 '에이, 그러지 말고 좀 가르쳐 주세요!' 하더니 다음 날 초등학교 5학년 된 쌍둥이를 사무실로 보낸 거예요. 정말 난감했어요, 뭘 알아야 가르치죠! 어쩔 수 없이 오늘은 약속이 있으니 내일 다시 오라고 하고는 서점으로 뛰어갔어요."

그가 서점에서 산 것은 참고서다. 그 참고서로 공부하면서 쌍둥이를 가르쳤다. 김철화, 그에게 정말 족집게 강사의 피가 흐르던 것일까? 놀라운 일이 벌어졌다.

"과외를 그렇게 많이 하고도 성적이 안 오르던 애들이었는데, 10등 하던 애가 반에서 1등을 하고, 30등 하던 아이는 15등 정도를 하는 거예요."

이 소식은 쌍둥이 엄마의 입을 통해서 삽시간에 퍼졌다. 사무실로 책을 들고 찾아오는 아이들 수는 소문이 퍼지는 속도만큼이나 빨리 늘었다. 과외 선생의 길로 접어든 것이다.

'초등학교 3학년 중퇴라는 학력이 알려지면 어쩌나 하는 불안감에 이 핑계 저 핑계 대며 과외를 그만둘 기회를 찾았지만 소용이 없었다.

그럴 때마다 학부모들은 발 벗고 나서서 수강생을 모아 주면서까지 그를 붙잡으려 했다. 수강생 수가 불어나 넓은 강의실이 필요해졌을 때, 이 문제를 해결해준 것도 학부모였다.

몇 년 만에 그는 서울 충무로에서 꽤 유명한 과외 강사가 됐다. 그의 교실도, 미리 접수하고 기다려야 들어올 수 있을 정도로 유명했다. 대학생을 보조 강사로 둘 정도로 규모도 갖췄다. 당연히 돈도 쌓였다. 한 달 수입이 21만 원이나 됐다. 학습지 배달을 21개월이나 해야 만질 수 있는 엄청난 돈이었다. 은행 과장 월급이 10만 원 정도 하던 시절의 이야기다.

∷ 초등학교 검정고시 본다는 게 소문날까 두려워…

이런 외적인 상황만 놓고 보면 이 시기가 인생의 황금기이고, 가장 행복한 시절일 것 같은데, 그의 머릿속에는 그렇게 기억되어 있지 않았다.

"아이들을 가르치기 위해 엄청나게 많은 공부를 했어요. 머리가 늘 깨지는 것 같았어요. 누가 묻지는 않았지만, 학벌 문제가 늘 저를 불안하게 했고요. 언젠가는 무엇엔가 홀린 듯 밤차를 타고 부산까지 내려가기도 했어요. 현실을 피하고 싶었던 거죠. 그 다음 날 정신을 차리고 보니 아이들이 공부하러 올 시간이 된 거예요. 어쩌겠어요? 현실이라는 게 피하려 한다고 피해지는 것도 아니고, 결국 비행기 타고 서울로 올라와서 강의했어요."

학력 때문에 그렇게 불안했는데, 어째서 검정고시를 보지 않았을 까?

"아무리 애들 가르치는데 바빴어도, 소문이 날까 두려웠어도 검 정고시를 봤어야 했는데! 지금 생각해 보면 늦은 게 아닌데 그땐 굉 장히 늦었다고 생각했어요. 선생님으로 사는 사람이 초등학교 검정 고시부터 본다는 게 소문날까 두려웠고요. 그러다가 때를 놓친 거 죠. 대학도 가고 그랬으면 뛰는 무대도 달랐고, 맘고생도 안 했을 텐데, 아쉽죠."

고마워해야 할지, 원망을 해야 할지? 화려하지만 불안한 시간을 끝 내준 것은 전두환 쿠데타 정권이다. 전두환 정권이 시행한 과외 금지 로 그는 교실을 떠나야 했다. 밥줄이 끊긴 것이다.

그 뒤에 그는 지방을 떠돌며 학습지 영업을 했다. 학습지 구독자를 모집하는 일이었다. 이 일이 연결고리가 돼 그는 경북 영주에서 다시 강단에 서게 된다.

"제가 배달하는 학습지로 공부하는 중학생한테 잠깐 학습 지도 를 해줬는데, 옆에서 지켜보던 그 애 아버지가 일주일에 한 번씩만 학습 지도를 해 달라고 부탁하는 거예요. 그것을 거절하지 못해 다시 강단에 서게 된 거예요. 전교에서 78등 하던 애였는데, 저한테 몇 개월 지도를 받고는 전교 2등으로 점프하는 거예요. 그게 입소문이 나면서 다시 과외 선생님으로 살게 됐어요."

:: 초3 학력 밝혀질까 두려워 강의 실력도 숨겨야!

잘 가르친다는 소문이 나자 학원에서 함께 일하자는 제안이 들어왔다.

"마흔 살 즈음이었는데, 경북 영주에 있는 ○○학원이라고, 중학생 전문 학원이었어요. 원장님이 65세 정도 됐었는데 같이 일해 보자고 해서 솔직하게 말했죠, 초3이 학력 전부라고. 하지만 가르치는 것은 자신 있다고 그랬더니, 그 원장님이 능력만 있으면 괜찮으니 함께 일해 보자고 손을 잡는 거예요."

그가 가르친 과목은 수학이었다. 그의 강의 실력은 작은 과외 교실보다 50여 명이 앉을 정도로 넓은 학원 강의실에서 더 빛이 났다. 시작할 때 6명이던 학생이 열흘 정도가 지나자 60여 명으로 불어 10명 정도는 서서 공부해야 할 정도로 그의 강의는 인기가 높았다.

"너무 튀면 태클 들어옵니다."

학원 원장이 그에게 한 충고다. 그에게 수강생을 뺏겼다고 생각하는 강사나 학원 원장이 뒷조사라도 해서 학력을 밝혀내면 큰일이니 더는 아이들이 늘지 않게 하라는 말이었다. 이 충고를 받고 그는 고민에 빠졌다.

"원장 하고 내가 수강료를 50%씩 나눠 갖는 구조였는데 튀지 않으면 발전하기가 어려울 것 같았어요. 그래서 3~4달 고민하다가 그만둔다고 통보해 버렸어요."

그에게 학원 강사로 살 기회가 한 번 더 올 수도 있었다. 그러나 높기만 한 학벌의 벽을 그는 끝내 뛰어넘을 수 없었다.

"성남에 있는 유명한 학원에서 강사를 구한다는 광고를 보고 용기를 내서 도전한 적이 있어요. 학력은 없지만, 경험은 많다고 했더니 시범강의를 해보라고. 10분 정도 했더니 대번에 손을 잡고 '내일부터 같이 일 좀 합시다.' 해서, 그러자고 했어요. 그런데 그날 저녁에 전화해서는 '생각해 보니 자격문제(학력) 때문에 어렵겠다.'고. 이렇게 해서 학원과의 인연, 가르치는 일과의 인연이 끝난 거죠."

'학력 때문에 안 된다'는 전화를 받고 그가 어느 정도 아팠을지, 그의 가슴에 얼마나 큰 상처가 났을지는 짐작도 할 수 없었다. 이 말을 하면서 눈물이라도 비쳤으면, 표정이라도 일그러졌으면 '많이 아팠겠구나!' 느꼈을 텐데, 달관했는지 그는 시종일관 웃는 표정이었다.

생각해 보니 그는 선감학원에서 '다구리(몰매)' 당하는 그 고통스러운 기억을 꺼낼 때도 웃는 얼굴이었고, 대전역 보일러실에서 왕초한테 죽도록 맞는 이야기를 하면서도 웃는 얼굴이었다. 일흔 가까운 나이가 되면 저럴 수 있는 것일까?

하지만 분명한 것은 일흔에 가까운 나이가 된 지금도 그는 선감학원에 끌려가면서 시작된 고통과 그로 인한 상처를 끌어안은 채 살고 있다는 것이다.

"선감학원을 제 인생에서 지우고 싶어요. 모든 게 거기서부터 시작됐어요. 살기 어려워 비록 구두통을 들었더라도 가족이나 친척들 곁에 있었으면 어떻게든 공부를 했을 거예요. 폭력과 배고픔에 시달리고, 그다음에는 생활에 쫓기다 보니 도저히 미래를 계획할 시간이 없었어요. 공부했더라면 그리 못 하지는 않았을 것 같은데! 처음, 쌍둥이 가르쳤을 때 그 애들 성적이 안 올랐다면, 오히려 형편없이 떨어졌다면 그게 더 축복이었을지도 모르겠어요. 마음고생은 하지 않았을 테니까요."

형제의 눈물

졸업장이 무엇이기에!

_ 삼 형제의 눈물과 마주해야 했다. 워낙 쾌활해서 막내만은 그러지 않을 줄 알았는데, 그도 끝내는 울음을 터뜨리고야 말았다. 위로의 말이라도 건네고 싶었지만, 마음뿐, 입에서 나온 건 신음 같은 한숨뿐이었다.

도대체 졸업장이란 게 무엇이기에 초로의 나이에 접어든 이들을 이토록 서럽게 하는 것일까? 입에서는 "충분히 이해합니다."라는 말이 흘러나왔지만, 내 몸은 그들의 아픔을 느끼지 못했다. 그들의 최종학력은 '무학'이다. 학벌 사회인 대한민국에서 무학으로 산다는 게 도대체 어떤 의미일까?

삼 형제가 모두 지옥 같은 소년 수용소 선감학원(안산 대부도)에 끌려갔었다는 말을 듣고는, 생각할 것도 없이 그들을 만나기로 마음먹었다. 더군다나 이들 삼 형제는 고아도 아니었다. 엄연히 부모가 있었다.

아버지는 육군 중령으로 예편했고, 어머니는 당시 명문 여고를 나왔다. 이들 부모는 삼 형제를 비롯해 무려 10명이 넘는 형제·자매를 함께 키워야 했다. 그렇다고는 해도 세 명의 자식을 길거리로 내몰 정도로 어려운 처지는 아니었을 것이다. 도대체 이들 삼 형제의 어린 시절에 무슨 일이 일어났던 것일까?

4일(2018년 4월) 오후, 서대전역은 이곳이 대도시가 맞나 싶을 정도로 한산했다. 부재중 전화가 찍혀 있었다. 그제야 삼 형제 중 둘째인 정국일(63) 씨가 마중 나온다고 한 말이 떠올랐다. 전화기를 타고 들려온 그의 목소리에 반가움이 묻어 있었다.

약속장소인 작은 카페에 들어서니 정국일 씨의 형 진일(64) 씨와 동생 호일(61) 씨가 기다리고 있었다. 진일 씨와 국일 씨 눈에는 슬픔이 배어 있었다. 동생 호일 씨 눈에서는 담담함이 느껴졌다. 원래 그런 것인지 긴장을 해서 그런 것인지.

생각해 보니 아픈 과거를 털어놓아야 할 순간이란 게, 마음 편한 시간은 아닐 것 같았다. 우스갯소리라도 해서 긴장을 풀어주어야 할 텐데, 마땅한 말이 떠오르지 않아 곤혹스러웠다.

대화가 시작되면서 긴장과 서먹함으로 딱딱했던 분위기가 이른 봄 얼음 녹듯 서서히 풀렸다. 삼 형제가 한꺼번에 끌려간 줄 알았는데, 알고 보니 둘째 국일 씨와 셋째 호일 씨가 먼저 끌려간 다음, 2년 후에 첫째 진일 씨가 끌려간 것이었다.

진일 씨가 9살, 호일 씨가 6살 즈음. 형제는 동인천역 광장으로 나들이를 갔다. 땅거미가 질 즈음부터 시작되는 무료 영화는 라디오도 귀하던 시절 아이들에게 커다란 즐거움이었다. 살짝 들떠 있는 형제에게 시커먼 몽둥이를 든 순사가 다가왔다. 그러나 형제는 겁을 먹거나 도망치지 않았다. 이미 한 차례 붙잡혔다가 아버지와 잘 알고 지내는 시청 공무원 도움으로 풀려난 일이 있어서다.

그러나 그날은 달랐다. 아버지가 장교라고, 어머니가 집에서 기다리고 있다고 소리쳐 봤자, 돌아오는 것은 몽둥이뿐이었다. 형제는 파출소로 끌려갔고 몇 시간 뒤 칠흑 같은 밤에 어디선가 잡혀온 아이 70여 명과 함께 하인천 부두에서 배에 쓸어 담기듯 실렸다. 어디로 가느냐고 묻고 싶었지만 그럴 수 없었다. 코가 간지러워 참지 못하고 재채기만 해도 몽둥이가 날아오는 험악한 분위기였기 때문이다.

"그때가 1964년경이니까 박정희 시대인데, 경찰들이 실적을 올리려고 그런 거예요. 부랑아 일제 단속(일명 후리가리)에 걸린 거죠. 예를 들어, 100명을 잡아들이라는 명령이 떨어지면 무조건 채워야 하는 그런 시기였어요. 그래서 그때는 허름한 옷을 입고 돌아다니면 막 잡아갔어요. 그런데 우린 옷이 그렇게 허름하지도 않는데, 왜 잡아갔는지 모르겠어요."

국일 씨 설명이다. 다음 날 아침에야 형제는 그곳이 바다로 둘러싸인 섬이란 것을 알 수 있었다. 억장이 무너졌지만, 선감학원은 형제에게 낙담할 시간마저도 허락하지를 않았다. 매질과 노동이 숨 쉴 틈 없이 반복되는 일상에 짓눌려 형제는 부모의 품을 미처 그리워할 새도 없었다. 다행히 동생 호일 씨는 너무 어려 강제노동에 시달리지는 않았다.

어린 시절에 당한 가혹한 매질은 지금도 형제의 몸 구석구석에 흉터로 남아 있다. 국일 씨가 "연탄 한 장 깼다고 몽둥이로 머리부터 발끝까지 개 패듯이…"라며 이마에 난 상처를 보이자, 호일 씨도 자신의 뒤통수에 있는 흉터를 내밀었다. 호일 씨 기억 속에 있는 당시 상황은 끔찍했다.

"누군가 죽었는데, 우리 형제한테 창고에 누워 있는 그 시체를 지키며 연탄불을 보라는 거예요. 그때 그곳에서 사람 많이 죽었어요. 그 시체는 배가 고파 무, 배추, 흙까지 막 퍼먹고 배탈이 나 죽은 아이 시신이었어요. 연탄불을 꺼뜨리지 않으려면 불이 꺼지기 전에 새 연탄으로 갈아야 하는데 시체가 난로 옆에 있으니, 무서워서 연탄을 갈 수가 없는 거예요. 결국, 그거 꺼뜨리고 정말 죽도록 맞았어요. 이게 그때 난 상처입니다."

소년 수용소 선감학원에서 다시 만난 삼 형제

_ 형 진일 씨는 동생들이 잡혀간 지 2년여 만에 선감학원에 끌려갔다. 동생들이 사라지자 그를 보살피던 할머니가 찾아오라 성화를 부렸고, 그럴 때마다 형 진일 씨는 동인천역을 서성거렸다. 그러다가 그도 부랑아 일제 단속에 걸린 것이다.

진일 씨를 부모가 아닌 할머니가 보살핀 이유는 아버지가 전역하면서 병에 걸렸기 때문이다. 그래서 어머니가 아버지를 대신해 구멍가게를 하며 가족들 생계를 책임져야 했다. 아이들은 할머니 보살핌을 받아야 했다.

알고 보니 이것이 삼 형제가 선감학원에 끌려간 유일한 이유라면 이유였다. 아버지가 아파 갑자기 가세가 기울었고, 그 탓에 그들의 부모는 살뜰하게 아이들을 보살필 수 없었다. 게다가 그들 부모는 사라진 아이들을 제대로 찾아 나설 수도 없었다. 그렇게 하면 다른 자식들을 모두 굶겨야 하는 힘든 처지였던 것이다.

"2년 만에 동생들을 만나기는 했지만 반가워할 수도 없었어요. 아무리 생각해도 나갈 방법은 없고, 만나서 오손도손 이야기할 분위기도 아니었어요. 집에 보내 달라고 하면 자꾸 따진다고 두들겨 패고, 학교에 다니고 있었다고 해도 두들겨 패는 그런 험악한 분위기였거든요. 저는 국민학교(초등학교) 3학년 때 붙잡혀 갔어요. 자꾸 집에 보내 달라고 하니까 나중에는 뱀을 잡아다 내 앞에 놓고는 자꾸 그러면 물게 한다고…. 다신 집에 보내 달라는 말 안 한다고 하니까 치워 줬어요. 그때 광대를 많이 맞았는데 그 탓인지 지금도 허리가 안 좋아요."

'광대'는 가혹 행위다. 바닥에 깡통 같은 것을 놓고는 사람 몸을 번쩍 들어 그 위에 내려치는 잔인한 폭력 행위다. 진일 씨는 광대를 가장 끔찍한 기억으로 간직하고 있었다.

선감학원은 형제들을 어떻게든 떼어 놓으려 했다. 숙소도 따로 배정했고, 만나서 이야기만 하면 눈치를 주었다. 그들은 그 이유를 '형제가 모의해서 도망칠까 봐 그랬을 것'이라 추측하고 있다.

삼 형제가 만난 지 몇 개월 만에 선감학원은 형제를 뿔뿔이 흩어 놓았다. 둘째 국일 씨는 대전에 있는 보육원으로, 막내 호일 씨는 인천에 있는 보육원으로 보냈고, 첫째 진일 씨는 선감학원에 그대로 남겨졌다. 이렇게 해서 삼 형제는 또 서로 떨어져 서로 다른 성장기를 거치게 된다.

첫째 진일 씨는 끈질기게 집에 보내 달라고 떼를 써서 결국 할머니 집으로 돌아갔다. 1년여 만에 선감학원을 벗어난 것이다. 4학년을 건너뛰고 5학년으로 학교에 발을 들였지만, 형편이 너무 어려워 졸업은 하지 못했다.

둘째 국일 씨는 보육원을 탈출해서 대전 고모 집에 몸을 의탁했다. 도망친 이유는 견디기 힘든 매질 때문이다. 막내 호일 씨는 친구들과 함께 보육원을 탈출해 걸인, 구두닦이를 전전하며 힘든 성장기를 보내게 된다.

부모를 만나 평탄한 삶?
늘 불안했다

_ 삼 형제는 몇 년 뒤 첫째 진일 씨가 동생들을 직접 찾아 나서면서 다시 만나게 된다. 그러나 그들 앞에 놓인 인생은 평탄하지 못했다. 어린 나이에 무학으로 할 수 있는 일은 구두닦이뿐이었다. 심한 매질을 당하면서 일을 했고, 번 돈은 대부분 왕초에게 바쳐야 했다.

왕초가 소매치기를 하지 않는다는 이유로 집요하게 괴롭혔지만, 차마 그것만은 할 수 없었다. 죄를 지으면서 살 수는 없었기 때문이다.

"우리가 그것을(소매치기) 끝까지 하지 않아서 이만큼 살 수 있었고, 지금 옛날이야기 하듯이 그때 일을 말할 수 있는 것입니다."

첫째 진일 씨 말이다. 삼 형제는 첫째 진일 씨가 18살 무렵 부모와 다시 만났고, 그 뒤의 인생은 지극히 평탄했다. 겉으로만 보면 말이다. 남들처럼 회사에 다니면서 돈을 벌었고, 사랑하는 여자를 만나 결혼도 했다.

그러나 그들은 직장이나 집에서 늘 불안에 휩싸인 채 살아야 했다. 취직하기 위해, 군대에 가기 위해, 심지어 결혼하기 위해서도 무학이라는 사실을 숨겨야 했기 때문이다.

"군대를 다녀와야 사람 노릇을 할 수 있을 것 같아서 고졸이라고 거짓말하고 군대 갔어요. 취직도 아버지한테 이야기해서 고졸 사촌 졸업장 위조해서 했고, 결혼도 대학 나왔다고 거짓말하고 했어요. 생각해 보세요, 누가 보육원 구두닦이 출신한테 딸을 주겠어요.

그래서 사회생활과 결혼생활 하면서 못 배운 거 들통날까 봐 정말 결사적으로 살았어요. 하지만 언젠가 술 잔뜩 먹고 내가 털어놓아서 아내가 알게 됐고, 그 때문에 이혼 위기도 있었지만, 다행히 아직 같이 살고 있어요. 이제 다 살았으니, 이혼할 일 있겠어요?"

못 배운 게 천추의 한, 졸업장 가져오라면 "안녕히 계세요."

_ 첫째 진일 씨는 이 말을 마치고는 울음을 터뜨렸다. '못 배운 게 천추의 한'이라며 "아내에게 늘 미안했고, 졸업장 위조한 게 들통날까 봐 늘 불안에 떨었다."라고 울먹였다.

둘째 국일 씨도 같은 이유로 울음을 터뜨렸다.

"저도 살면서 가장 힘든 게 이거였어요. 군대도 가고 싶었는데 무학이라 못 갔어요. 창피해서 남들한테는 고등학교 나왔다고 거짓말해야 했고. 이거 무덤까지 가져가기로 서로 약속했는데, 형이 술 먹고 형수한테 이야기해서 다 퍼진 거예요. 그 뒤에 제 과거 때문에 저도 이혼 위기가 많았어요. 가정 법원을 여러 차례 다녀올 정도로."

셋째 호일 씨는 졸업장 이야기까지는 잘 버텼다. 하지만 그도 결국은 울음을 터뜨렸다.

"속임수로 살아온 거예요. 무학으로 어떻게 취직을 하겠어요. 이력서에 고졸이라고 쓰고 들어갔다가 졸업장 내라고 하면 두말없이 '안녕히 계세요!' 하면서 살아온 거죠."

이 말을 마치고 호일 씨는 "다시 태어나면 대장(군인)이 되고 싶어요. 나 때린 놈들 가만두고 싶지 않아요."라며 울음을 터뜨렸다. 어린 시절에 당한 폭력이 큰 상처로 남아 있던 것이다.

무학이라는 사실, 어린 시절 선감학원을 겪었다는 사실을 무덤까지 가지고 가기로 약속했던 형제들이 세상에 모습을 드러내기로 한 이유는 그리 복잡하지 않았다. 사과를 받고 싶어서였다.

"일본군 위안부로 끌려간 할머니들 마음을 우린 충분히 이해합니다. 그분들 아베한테 돈이 아닌 진정한 사과를 받고 싶은 거예요. 그래서 재협상을 요구하는 거예요. 우리도 어린 시절 부모가 있는데도 불구하고 다 끌려갔어요. 그리고는 서류에 부모를 잃고 부랑했다고 적어 놓았고요. 이거 분명하게 사과해야 합니다. 부모 마음 갈기갈기 찢어 놓은 것이고, 우리 인생 송두리째 뒤집어 놓은 거잖아요. 우리도 국가로부터 진정한 사과를 받고 싶어요."

이 말을 마치고 둘째 국일 씨는 경기도가 발행한 자신과 형의 선감학원 원아 대장을 내밀었다. 그 서류에 첫째 진일 씨는 어려서 부모를 잃고 몇 년간 유리걸식하다가 선감학원에 온 것으로 기록돼 있었다. 둘째 국일 씨는 가정불화로 집을 나와 2년간 부랑을 하다가 선감학원에 온 것으로 기록돼 있다. 멋대로 적어 놓은 것이다.

막내 호일 씨에 관한 기록은 더 심하게 왜곡돼 있었다. 어려서 부친은 사망하고 모친은 행방불명 됐으며, 만 2세부터 부랑하며 걸식을 한 것으로 기록돼 있다. 만 2세 어린아이가 어떻게 부랑하며 걸식할 수 있을까? 역시 멋대로 적어 놓은 것이다.

삼 형제의 눈물을 뒤로하고 돌아오는 길, '국가라는 게 과연 무엇인가? 국가는 국민에게 어떤 얼굴이어야 하는가?'라는 물음이 그림자처럼 따라붙었다.

폭력의
품격

아내는
읽는 것을 포기했다!

_ "50년 전 이야기지만 지금도 기억이 생생합니다. 식사는 목에 걸려 잘 넘어가지도 않는 강냉이 보리밥에 곤쟁이젓 하나, (그나마 양이 적어) 너무 배가 고파 식당에서 나온 쓰레기더미를 헤치며 먹을 것을 찾던 일. 하루도 거르지 않고 반복되는 구타와 기합, 고문. 손가락 사이에 연필을 끼워 넣고 빙빙 돌리기, 원산폭격, 한강철교…. 검정 고무신 한 켤레로 뼛속까지 스며드는 추위를…. 동상에 걸려 썩어가는 손가락 발가락."

김영배 '선감학원 아동 국가폭력 피해 대책협의회' 회장이 몇 년 전 고백하듯 쓴 글의 일부다. 장성한 그의 아들과 딸은 이 글을 읽으며 눈시울을 적셨고, 아내는 눈물이 앞을 가려 읽는 것을 중간에 포기했다.

이 글을 그의 가족이 읽은 그 시간이 그에게는 무척 후련한 순간이었다. 수십 년 살 비비며 산 아내에게조차 차마 털어놓지 못하고 가슴에 꽁꽁 묻어둔 이야기여서다. '어째서?'라는 질문은 필요가 없었다. 누구에게나 밝히고 싶지 않을 만큼 아픈 과거가 한 가지씩은 있는 법. 선감학원이, 그에게는 바로 그런 과거였으리라.

그의 글은 탄원서가 되어 선감학원 운영기관이었던 경기도에 지난 2015년 전해졌다. 선감학원은 일제가 1942년 안산 대부도 옆 선감도에 세운 소년 강제 수용소다. 일제가 물러난 뒤에는 경기도가 맡아 1982년까지 운영했다.

그는 탄원서에서, 선감학원에서 자행한 인권침해 사실을 밝혀주고 국가가 저지른 잘못을 인정하며, 진심을 담아 사죄하라고 요구했다. 미처 피지도 못하고 떠난 어린 넋들의 원한을 달래 달라는 내용도 담았다.

"10살도 안 된 어린이를 깨끗한 옷을 입지 못했다는 이유만으로 부랑아로 취급하여 강제로 수용소에 보내 강제노동과 구타로 폐인을 만든 잘못을 인정하고 이에 대한 사과를 바랍니다. 수백 명의 어린 생명을 죽음으로 내몰아 야산에 팽개치듯 파묻었습니다. 무덤을 지금이라도 정비하여 어린 영령들의 원한을 달래주십시오. 고통을 안고 사는 선감학원 출신들이 조금이나마 편한 여생을 보낼 수 있도록 방법을 찾아줄 것을 우리 모두의 마음을 모아 요청합니다."

- 탄원서 내용 중 -

무단이탈자 중 상당수가 사망했을 가능성 커

_ 이 탄원서는 지난 2015년 '선감학원 생존

자협의회'라는 단체 명의로 보낸 것이다. 김 회장은 이와 비슷한 내용의 탄원서를 2013년부터 끈질기게 경기도에 보냈다.

그런데 어째서 단체 이름이 '생존자협의회'일까? 그것은 그만큼 죽은 아이가 많기 때문이다. 도망치다 바다에 빠져 죽거나 병에 걸려 죽고, 맞아 죽은 소년이 부지기수라는 게 피해자들의 일관된 증언이다.

이를 뒷받침할 자료도 있다. 지난 2월 경기도가 진선미 더불어민주당 의원에게 제출한 '선감학원 사건 희생자 유해발굴을 위한 사전조사 계획 수립 용역 최종보고서'에 따르면, 경기도 기록관은 모두 4,691명의 퇴원아대장(1955년~1982년)을 보관하고 있다. 퇴원사유는 집으로 돌려보냈다는 '귀가'가 1,178명, 다른 고아원으로 보냈다는 '전원'이 1,011명, 고용위탁(취업)이 413명, 사망 24명, 무단이탈이 833명, 기타가 1,232명 등이었다.

퇴원사유 중 주목해야 할 것은 무단이탈 833명이다. 다수의 피해자 증언에 따르면 무단이탈로 표기된 인원은 바다를 헤엄쳐 도망치다 익사한 원생일 가능성이 크다.

진선미 의원실 관계자도 "무단이탈자 중 상당수가 사망했을 가능성이 크다."라며 "무단이탈로 표기된 833명의 생사를 확인하기 위한 전면적인 조사가 필요하다."는 의견을 밝힌 것으로 알려졌다.

끔찍한 폭력을 견디고 살아남은 아이들은 나름대로 제 몫의 인생을 살며 성인이 되었다. 범죄에 휘말려 반평생을 감옥에서 보낸 이도 있고, 가정을 일구고 지극히 평범하게 산 이도 있는데, 공통점은 대부분 선감학원 출신이란 사실을 숨겼다는 것이다.

이들은 김영배 회장이 지난 2013년 탄원서를 내기 시작하면서 자신이 선감학원 출신이라는 것을 고백하듯 밝히기 시작했다. 그 덕에 처음 탄원서를 낼 때 11명이던 회원이 5년여 만에 50여 명으로 불었다. 단체 이름도, '생존자협의회'에서 '선감학원 아동 국가폭력 피해 대책협의회(아래 피해자 협의회)'로 바꿨다. 깊은 상처를 안고 숨죽이며 살던 피해자들이 하나둘 세상에 모습을 드러냈기에 가능한 일이었다.

또한, 진선미 국회의원처럼 도와주는 이도 생겼다. 경기도의회에서는 더불어민주당 원미정, 김달수, 정대운 의원이 적극적으로 돕고 있다. 언론도 지속적인 관심을 기울이고 있다.

김영배 피해자 협의회 회장을 만난 것은 지난 18일(2018년 6월) 늦은 오후다. 그의 일터인 인천 가정동 도로에 있는 건설현장에서 그와 악수를 했다.

그는 포크레인 기사다. 작달막한 키에 예순넷이라는 적지 않은 나이였지만, 집채만 한 포크레인 운전석에 앉아 있는 모습은 30~40대 젊은이 못지않게 활기차 보였다.

하지만 선감도 기억을 끄집어내면서부터는 초로의 고단함이 그의 얼굴에 고스란히 묻어났다. "어이구!" 하는 탄식과 함께 터지는 깊은 한숨에서 그가 입은 상처가 얼마나 지독한지를 느낄 수 있었다. 그 기억을 후벼 파듯 자꾸 캐물어야 하는 내 입이 원망스럽기도 했다. 그럴 때마다 깊은 심호흡으로 아랫배에 힘을 넣어 약해지려는 마음을 다잡고 질문을 이어가야 했다.

그곳이 섬인 줄 모르고 도망치는 아이들

_ 그는 1962년 가을께 서울역 앞에서 경찰에게 붙잡혀 서울 시립아동보호소에 머물다 그 이듬해인 1963년 8월 무렵 사방이 바다로 가로막힌 섬 선감도에 끌려갔다. 경찰한테 붙잡힌 이유는 알 수 없다. 부모가 갑작스레 돌아가셔서 사는 게 고생스럽긴 했지만, 나이 차 큰 누님과 고모가 보살피고 있었으니 보호자가 없는 처지도 아니었다.

"그 경찰을 만날 수 있다면 '8살 어린 내 덜미를 어째서 잡아챘느냐?'고 지금이라도 묻고 싶어요. 흰 고무신을 신고 있었으니, 그렇게 남루한 옷차림도 아니었을 텐데. 직장 다니는 누님을 기다리며 밖에서 놀고 있다가 잡혔거든요. 경찰 옷(제복)만 봐도 무서울 때라 반항도 못 했어요."

　서울 시립아동보호소는 8살짜리 순둥이가 견디기에는 너무나 힘겹고 두려운 분위기였다. 잘못한 것도 없는데 툭하면 주먹이 날아왔다. 꽃병에 있는 물을 탁자에 엎질렀다는 이유로 정신을 잃을 정도로 심하게 맞은 일, 그 분함과 공포는 50년이 훌쩍 지난 지금도 잊히지 않는다. 이때 생긴, 다른 사람 눈을 똑바로 보지 못하는 버릇은 지금도 지병처럼 그의 몸에 남아 있다.

　계절이 두 번 바뀌자 아동보호소 측은 '고향배차'를 한다며 어린 김영배를 군용 트럭에 태웠다. '고행배차'란 말을 듣고 그는 어머니 아버지와의 추억이 있는 고향 파주로 가는 줄 알고 뛸 듯이 기뻤다. 하지만 울퉁불퉁한 비포장도로에 조리돌림 당하며 끌려간 곳은 고향이 아닌 마산포라는 작은 부두였다. 마산포에서 배를 타고 선감도로 가는 길은 철썩거리는 파도를 보는 것만으로도 공포 그 자체였다. 배에서 내리자 지독한 폭력이 그를 기다렸다.

　"저보다 좀 큰 애들이 배에서 내리자마자 막 도망치는 거예요. 그곳이 섬이라는 것을 몰랐던 거죠. 저는 너무 어려서 도망칠 꿈도 못 꿨고요. 그러니 뛰어봤자 벼룩이지요. 붙잡히는 대로 다리 걸어서 넘어뜨리고 지근지근 밟아버리는데, 어휴! 생지옥이 따로 없어요. 그다음에는 돌밭에서 원산폭격 같은 것 시키면서 막 굴리고. 어휴! 아동보호소는 거기에 비하면 천국이었어요."

죽도록 팬 뒤 노래하라고,
"그곳은 지옥이었다"

          _ 이렇게 시작된 선감학원 생활은 어린 그에게 지옥이었다. 타고난 성격까지 온순해 더 힘들었다. 아프리카 세렝게티(Serengeti) 초원의 동물 세계 같은 약육강식이 지배하던 곳이 바로 선감학원이기 때문이다.

    소년 김영배는 선착장에서 독하게 신고식을 치르느라 거의 반나절이 지나서야 3km 거리에 있는 숙소에 도착할 수 있었다. 허기지고 지친 그를 기다린 것은 불어터져 밀가루 반죽처럼 된 수제비 한 덩어리다. 그나마 먼저 식당에 들어간 덩치 큰 애들이 다 집어 먹어서 얼마 남지도 않았지만, 불평 따위를 늘어놓을 수는 없었다. 입만 벙긋하면 주먹이 날아오는 험악한 분위기였기 때문이다. 이런 일은 그 뒤에도 계속됐다. 그래서 어린 김영배는 늘 심한 굶주림에 시달려야 했다.

    숙소가 배정되자 신고식이란 게 그를 기다렸다. 어리다고 봐 주는 법은 없었다. 오히려 더 심하게 괴롭혔다. 기합 주고 때리고, 그러고는 어이없게도 노래를 부르라고 했다. 담요를 뒤집어씌워 놓고 여럿이 달려들어 밟아버리는 '다구리'를 당할 때는 죽음의 공포가 엄습하기도 했다. 이 대목에서 그는 힘이 부치는지 긴 한숨을 몰아쉬고는 잠시 말을 끊었다.

"난 이런 이야기 하는 게 정말 힘들어요. 그때는 내가(자아, Ego) 없었어요. 몇 년 동안 거의 하루도 거르지 않고 내 키만 한 곡괭이 자루로 맞았어요. 아이고~ 이거 안 겪어본 사람은 상상도 못 해요. 너무 많이 맞아 엉덩이가 부어서 변을 못 본 날도 있어요. 두렵고, 낯설고, 그냥 싫었어요. 일과가 끝나고 숙소로 돌아가야 한다는 사실이 두려움이었어요. 문틈에서 새는 빛을 보는 것도 무서웠고, 문을 여는 순간은 공포 그 자체고요. 그래서 저는 단체생활을 싫어해요. 지금도 사람 모인 곳이 싫어요."

그렇다고 도망을 칠 수도 없었다. 그곳은 검푸른 바다로 사방이 막힌 바다, 선감도였기 때문이다. 임진강이 있는 파주에서 자란 덕에 수영은 곧잘 했지만, 바다를 헤엄쳐 건너기에는 너무 어린 나이였다. 그 대신 도망치다 붙잡혀 들어온 아이들 덕(?)에 기합은 원 없이 받았다.

"도망치다 붙잡히면 본때를 보여 준다고 많은 사람 앞에서 빠따(몽둥이)를 치고 기합을 주는데, 그것을 보고 있는 자체가 두려운 일이에요. 그다음에는 단체 기합을 줍니다. 도망치면, 남은 사람이 괴롭다는 것을 알려주는 거죠. 한강철교 시켜 놓고는 그 위를 사장(숙소의 장)이 걸어 다니는데, 저처럼 작고 힘없는 아이는 엎어질 수밖에 없어요. 그러면 못 버티고 엎어졌다고 또 때리고, 어휴!"

증오하지도 않는데
누군가를 때려야 하는…

_ 폭력에도 품격이 있고, 같은 인간으로서 절대로 하지 말아야 할 게 있는데, 그곳은 그런 윤리가 애초부터 존재하지 않는 곳이었다. 참을 수 없을 정도로 고통스러운 게 맞는 일인데, 그보다 몇 배나 더 고통스러운 게 있었으니, 그것은 미워하지도 증오하지도 않는 누군가를 아무 이유 없이 때려야 하는 일이었다.

"서로 따귀를 때리게 하는 게 제일 잔인해요. 마주 보게 하고는 때리라고 하고, 살살 때리면 그 짓을 시킨 놈이 달려들어 한 방 날리고. 그러다 보면 나중에는 서로 원수처럼 피가 터지도록 내려치게 돼요. 친구끼리 서로 따귀를 때려야 할 경우도 있었는데, 어휴! 그럴 때는 정말 죽고 싶었어요."

이 말을 할 때 그의 입에서 '때려죽일 놈의 새끼'란 말이 새어 나왔다. 자기도 모르게 새 나온 것 같았다. 성폭력도 '따귀' 못지않게 잔인한 기억이다.

"가자마자 당했는데, 정말 죽는 줄 알았어요. 하늘이 노래질 정도로 고통스러운데 보복당할까 봐 반항도 못 하고, 짐승만도 못한 짓이죠. 매로 모든 게 다스려지는 곳이니 어휴! 이 말은 창피해서 집사람한테도 못했어요. 이거 잊히지도 않아요. 한 번 당하면 몸과 마음이 다 피폐해집니다."

배고픔으로 인한 고통도 폭력으로 인한 고통만큼이나 컸다. 식당에서 나온 쓰레기 더미를 뒤져도 배고픔을 달랠 수 없어, 흙까지 파먹어야 했다. 여느 흙과 달리 입에 넣으면 초콜릿처럼 쫀득한 흙이 있다는 게 그의 설명이다. "너무 많이 파먹어 항문이 막혀, 그곳을 파낸 녀석도 있다."는 믿기 힘든 말도 그의 입에서 흘러나왔다.

이런 지옥 같은 세월을 뒤로하고, 그는 입소한 지 5년만인 1968년 가을에 안양에 있는 '직업 보도소'라는 곳으로 옮겨졌다. 기술을 가르쳐 준다는 말에 기대감을 안고 갔지만, 그곳은 그저 그런 육지에 있는 고아원일 뿐이었다. 1년여 뒤 그는 동료들과 함께 이 고아원을 탈출한다.

그 뒤의 삶도 고단하기는 마찬가지였다. 배운 것 없고 기댈 데도 없는 그가 할 수 있는 일은 구두닦이, 식당 배달원 같은 허드렛일이나, 광부 같은 험한 일뿐이었다. 그의 젊은 날을 그는 '비쩍 마른 나뭇잎'으로 비유했다.

"어떻게 살아야 할지, 무엇을 해서 먹고 살아야 할지가 보이지 않아 늘 불면에 시달렸어요. 배운 것도 없고 기댈 데도 없었으니, 바람만 불면 어디론가 날아갈 수밖에 없는 비쩍 마른 나뭇잎 같은 신세였던 것이죠."

그러나 그는 타고난 성실함으로 자신의 인생을 개척했다. 식당에서 음식 배달을 하며 중장비 학원에 다녀 1년 만에 자격증을 땄고, 그 기술로 가정을 꾸리고 지켰다. 성실함 하나만을 믿고 결혼을 해준 착한 아내를 만난 것은 일생일대의 행운이었다.

아이들이 구김살 없이 잘 자라 준 것은 정말 고마운 일이다. 그는 "좋은 아빠라 자신할 수는 없지만, 내가 겪은 일을 대물림하지 않은 것 하나만으로도 보람을 느낀다."라며 옅은 미소를 보였다.

64살이니 오래 사는 편, 선감학원 출신 단명 많아

_ 이제 그의 목표는 단 한 가지다. 선감학원에서 함께 고생한 동료들을 위해 무엇인가를 하는 것이다. 그러기 위해 그는 '선감학원 사건 진상조사 및 지원을 위한 특별법(아래 선감학원 특별법)'이 필요하다고 강조했다.

"내 나이 64살. 선감학원 출신치고는 오래 산 편입니다. 거기 출신들이 대체로 단명합니다. 사회에 적응을 못 하고 죽은 사람이 많아요. 힘겨운 노후를 보내는 이들도 많고요. 이제 제 목표는 함께 고생한 그들을 위해 무엇인가를 하는 겁니다. 그래서 탄원서도 낸 것인데, 그때는 마음으로 호소하면 받아주리라 믿었어요. 그런데 공직사회는 그렇지 않았어요. 그때서야 그 사람들 움직이게 하려면 법이 필요하다는 것을 깨우친 거죠."

선감학원 특별법은, 진선민 더불어민주당 국회의원 참여로 국회 차원의 논의가 진행 중이다. 국가 인권위원회도 선감학원의 비극이 국가폭력이라며 특별법을 만들어 정부가 진상규명을 해야 한다는 연구 결과를 내놨다.

인권위원회는 '선감학원 아동 인권침해사건 보고서'에서 "선감학원은 일제강점기에 조선감화령이라는 법령에 근거하여 식민지를 통치하는 조선총독부가 직접 그 설치와 운영에도 관여했다."라고 밝힌 것으로 알려졌다.

또한, 인권위원회는 "일제강점기부터 군사정권에까지 그 운영에 대한 아무런 법적 근거 없이 강제수용, 구금, 격리, 강제노동, 폭력, 실종 및 사망, 인간 사냥, 노예화 등 중대한 인권범죄가 이루어졌다."라며 "국가 범죄이자 인권침해라 규정할 수 있다."라고 지적했다.

20여 년간 선감학원 진실을 파헤쳐 온 정진각 안산지역사연구소 소장은 지난 21일 오후 기자와 한 통화에서 "선감학원의 강제수용과 감금 등은 국가의 영향력 아래 부랑아 정책이라는 이름으로 자행된 인권범죄다. 국가 책임을 규명하기 위해 국가자료를 조사할 수 있는 특별법 제정이 필요하다."라고 강조했다.

김영배 선감학원 피해자 협의회 회장에 따르면 지금도 선감학원 출신이라는 사실을 숨기며 사는 피해자가 많다. 그래서 아직도 회원이 50명 정도라는 게 그의 설명이다.

'그들이 이 끔찍한 기억에서 벗어나게 하는 방법, 그들이 당당하게 세상에 나오게 하는 방법은 과연 무엇일까? 이를 위해 그들과 같은 시대를 사는 우린 어떤 노력을 기울여야 할까?'라는 질문이 김 회장과의 만남을 뒤로하고 집으로 돌아오는 내 발걸음에 따라붙었다.

후리가리

경찰이 납치한 소년,
그게 접니다!

　　　　　　　　　_ 실없는 농담이라도 한마디 건네면 시원하
게 웃어줄 것 같은 그런 표정이었다. 예순이 넘은 나이에 저렇게 해맑
아도 되는 것일까? 아마도 천성이리라. 말씨도 부드러워 금세 친근감
이 들었다. 방금 만났는데 마치 오래전부터 알고 지낸 사이가 아닌가
하는 의구심이 들 정도였다. 오랜 시간 고객을 상대해서 그런 것일까?

　김기철(62) 씨 첫인상이다. 그를 지난 18일(2018년 7월) 오전 그의 일
터(인천 산업용품 센터)에서 만났다. 그는 점포를 4개나 운영하는 꽤 규모
있는 산업용품점 '사장님'이다. 고무 패킹(packing) 종류 도매점으로는
수도권에서 빠지지 않는 규모라는 게 그의 설명이다.

　함께 일하는 부인도 웃음기 있는 수더분한 인상이었다. 그의 아들
또한 명랑한 성격임을 한눈에 알 수 있는 밝은 얼굴을 하고 있었다. 그
는 "한 달에 얼마나 버세요?"라고 묻자 "에이, 얼마 안 돼요, 그냥 밥
술 뜨고 삽니다. 세금 잘 내고 있고요."라며 너털웃음을 지었다. 프로
사업가다운 절제된 답변이다.

　이런 이야기를 주고받을 때까지만 해도 그의 몸 어디에 어린 시절의
끔찍한 기억이 숨어 있는지 도무지 짐작조차 할 수 없었다. '몇 살에

붙잡혀 가셨어요?'라는 말이 떨어지기 무섭게 그의 얼굴이 굳어졌다. 그때야 선감학원의 기억이 초로의 나이에 접어든 그의 영혼을 지금도 갉아먹고 있다는 사실을 눈치챌 수 있었다.

외삼촌 집에 엄마 있다고
소리쳐 봤지만, 소용없어

_ 선감학원은 일제강점기에 세워져 군사독재 시기인 1982년까지 운영된 소년 강제 수용소다. 지금은 방파제 등으로 연결돼 육지처럼 됐지만, 선감학원이 운영될 때만 해도 그곳은 사방이 바다로 가로막힌 섬이었다. 당시 그곳에서 엄청난 고문, 폭행, 강제노동이 자행된 것으로 알려졌다.

일제가 물러간 뒤에는 경기도가 맡아서 운영했는데, 일제와 별반 다르지 않은 폭압적인 방법이 동원됐다. 국가는 부랑아 단속이라는 이름으로 소년들을 강제로 끌어가 수용했다. 할당량을 채우기 위해 경찰을 비롯한 공무원들은 경쟁적으로 소년들을 붙잡았다. 그러다 보니 멀쩡히 부모가 있는 아이를 데려간 경우도 부지기수다. 유괴를 한 것이다.

소년들은 그 섬에서 질병, 폭력, 굶주림으로 짧은 생을 마감하기도 했다. 도망치다 바다에 빠져 죽은 아이도 있었다. 이렇게 죽은 소년들은 변변한 장례식도 없이 섬에 있는 공동묘지에 암매장되듯 묻혔다. 그 공동묘지에서 매년 위령제가 열린다. 살아남은 이들이 한때 동료였던 영혼을 위로하기 위한 제사다.

소년 기철은 서울 창신동 외삼촌 집 근처에서 1967년께 경찰에 붙잡혔다. 그의 나이 10살 즈음이었다. 왜 붙잡혔는지는 모른다. 가난해서 남루한 차림을 하고 있었던 게 유일한 이유였으리라 짐작할 뿐이다. 그 경찰을 만날 수 있다면 지금이라도 '나를 왜 잡아갔느냐'고 따지고 싶은 게 기철 씨 심정이다.

느닷없이 허리띠를 잡혀 도망칠 수가 없었다. "엄마가 저~기 외삼촌 집에 있다."라고 소리쳐 봤지만, 소용이 없었다. 하얀 차에 던져지듯 실렸다. 억울했지만 항의할 새도 없이 파출소를 거쳐 시립아동보호소로 넘겨졌다. 기철 씨의 고아 인생이 시작된 것이다.

"후리가리(일제단속)를 당한 거지요. 집을 찾아줄 생각은 애초부터 없었던 거예요. 숫자(할당량) 채우기에 급급했던 거죠. 아동보호소에 있을 때 집이 천호동이라고, 엄마 아버지(새아버지)가 그곳에 있다고 수차례 말했는데, 돌아온 건 매밖에 없었어요.

집 주소는 정확히 몰랐지만, 사는 곳은 정확하게 알고 있었거든요. 잡혀가기 전 살던 곳이 천호동이었어요. 사이다 맛이 나는 약수터가 있는 동네입니다. 성인이 된 다음에 두 번이나 찾았어요. 한번은 혼자서, 한번은 아내와 함께. 그런데 어머니는 못 만났어요. 이미 돌아가셔서."

막사 문 여는 게
지옥문 여는 것만큼이나 두려워

_ 선감학원은 일 년 가까이 있었던 시립아동보호소라는 지옥과는 차원이 다른 지옥이었다. 우선 사방이 바다로 가로막힌 섬이라는 게 공포 그 자체였다. 바다가 육지와 부딪히면서 내는 '철썩' 소리와 바람이 바닷물을 스치면서 내는 '쉬익' 소리가 마치 '절대 도망칠 곳은 없다'라는 엄포처럼 들렸다.

매질도 시립아동보호소와는 차원이 달랐다. 훨씬 더 지독했다. 첫날부터 시작된 매질이 1년 365일 중 300일 가까이 지속됐다. 매질은 주로 막사에서 이루어졌는데, 그래서 막사 문을 여는 순간이 죽기보다 싫었다. 그 짧은 순간에 느낀 두려움은 지금도 기철 씨 뇌리에 생생하다. 바늘 하나 잃어버린 죄로 겨우 대여섯 살 많은 반장한테 엉덩이, 손바닥, 종아리를 50대 넘게 맞고, 밥까지 한 끼 굶어야 한 그 참담함은 50여 년이 흐른 지금도 잊히지 않는 억울함이다.

정말 괴로운 것은 원치 않아도 남을 때려야 하는 일이다. 누군가 탈출하다 붙잡혀 오면 식당 앞에 세워놓은 다음 몽둥이로 한 대씩 치게 했는데, 살살 때리면 엄청난 보복이 뒤따랐다. 그래서 눈을 질끈 감고 내려쳐야 했는데, 소년 기철한테는 자신이 맞는 것보다 더 큰 고통이었다.

배고픔은 일상이었다. 꽁보리밥에 국이나 곤쟁이젓이 반찬의 전부였지만, 반찬 투정을 하는 아이는 아무도 없었다. 그마저도 늘 부족해 허기진 배를 움켜쥐고 살아야 했기 때문이다. 소년들은 산에 있는 풀이나 맹감나무 씨로 허기진 배를 달랬는데, 많이 먹으면 항문이 막혔다. 그럴 때마다 나뭇가지로 서로 항문을 뚫어주었다. 허기진 배를 채우기 위해 밀물에 떠밀려 온 마가린 찌꺼기까지 끓여 먹었지만, 소년들의 배고픔은 절대 사라지지 않았다.

허리 펼 시간도 제대로 주지 않는 노동도 어린 그에게 엄청난 고통이었다. 뽕잎 따고, 누에 똥 치우고, 누에한테 밥을 주기 위해 잠을 못자는 경우도 허다했다. 밭도 매야 했다. 선생님 집 청소하고 물 길어주는 일도 만만치 않았다. 그렇게 종처럼 부려 먹으면서 돈은 한 푼도 주지 않았다. 지금이라도 그때 선감학원이 누에를 팔아서 얼마나 벌었는지 알아보는 게 그의 소원이다.

이보다 훨씬 더 힘든 게 있었으니, 그것은 바로 사무치는 그리움이다. 단 한 번이라도 엄마 얼굴을 보고 싶지만, 그럴 수 없어 소년 기철은 늘 괴로웠다. 낳아주지는 않았지만, 친절했던 새아버지 또한 그리움의 대상이었다. 엄마를 만나면 친아버지가 누구냐고 꼭 묻고 싶었지만, 그럴 수 없는 게 못내 안타까웠다. 그가 친아버지에 대해서 아는 것은 성이 '김'이라는 것뿐이다. 그를 낳을 때쯤 어머니는 그의 친아버지와 어떤 이유에선지 헤어졌다고 한다.

교사가 팔아먹고, 대한민국이 버린 소년

_ 어느 날, 소년 기철은 선생님 부름을 받고 교무실로 달려갔다. 선감학원 생활 5년여가 지난 즈음이었다. 웬 사내가 그를 기다리고 있었다.

"대부도에 사는 사람이었어요. 저를 데리러 온 거죠. 저는 지금도 돈을 받고 선생님이 그 사람한테 저를 머슴으로 팔았다고 생각합니다."

이렇게 소년 기철의 머슴 인생이 시작됐다. 그의 나이 15세 즈음일 때다. 나이 뒤에 '즈음'이라는 단어를 붙인 이유는 선감학원 원아 대장 내용을 전혀 신뢰할 수 없어서다. 원아 대장에 적힌 그의 생년월일은 1957년 5월 29일인데, 사실이 아닐 가능성이 크다. 선감학원 측에서 생년월일을 비롯한 원아대장 내용을 멋대로 기록했다는 게 피해자들의 일관된 증언이기 때문이다.

특히, 5월 29일은 생일이 아닌 게 거의 확실하다. 선감학원 개교기념일인 5월 29일을 원생들 생일로 기록한 경우가 많다고 한다.

기철 씨 또한 원아대장 내용을 믿지 않았다. 확인해 보니 그의 진술과 일치하는 부분은 본적지가 서울이라는 것 정도다. 원아대장에는 "유아 시에 부모가 걸식인이 되었고, 1968년 7월 을지로에서 앵벌이를 하다가 단속반에게 수집"이라고 적혀 있는데, 기철 씨 진술과는 거리가 멀다. 또한, 부랑을 한 이유가 "부모가 버렸기 때문"이라 적혀 있는데, 이 또한 기철 씨 진술과 다르다.

기철 씨는 "공무원들이 할당량을 채우기 위해 어떻게 해서든 부랑아로 만들려 했고, 그러다 보니 이런 엉터리 원아대장을 만들었다."라며 깊은 불신을 드러냈다.

기철 씨가 '선생님이 돈을 받고 자신을 머슴으로 팔아먹었다'고 생각한 이유는, 일을 하면 대가를 받아야 한다는 기본적인 사실조차 알려주지 않고 머슴으로 보냈기 때문이다.

그를 데려간 사람은 지독하게 일을 시키면서도 새경(임금)은 한 푼도 주지 않았다. 새경은커녕 용돈도 주지 않아 그 먹성 좋은 성장기에 소년 기철은 눈깔사탕 하나 사 먹지 못했다. 옷과 신발은 주인 것을 물려받아 입고 신었다. 이발소를 갈 수 없어 머리는 늘 장발이었다. 칫솔도 없어 소금을 손가락에 묻혀 양치해야 했다. 잇몸에 탈이 나 퉁퉁 부었는데도 진통제 한 알 사 먹을 수 없었다.

이렇게 서운하고 억울한 심정을 밝히면서도 그는 "그래도 교회 다니는 사람이라 나쁘지는 않았어요."라고 거듭해서 말했다. 애증이 엇갈린 복잡한 심경의 표현이었다. "돈 한 푼 안 주고 일을 시켰으면 나쁜 사람인데, 어째서 나쁘지 않다고?"라고 묻자 그는 "그러게요, 내가 너무 착해서 그런가?"라고 알쏭달쏭한 대답을 했다.

그의 심사가 이렇게 복잡한 이유는 그의 부인이 던진 한마디에서 알 수 있었다.

"너무 착해서 그래요. 이 사람은 그곳을 자기 집으로 그 사람들을 가족으로 생각하고는 정을 주고 살았던 거예요."

이 말을 그는 긍정도, 부정도 하지 않았다. 그저 아무 말 없이 굳은 표정으로 듣고 있다가 시선을 슬쩍 떨어뜨렸다. 억지로라도 좋은 사람들이었다고 믿고 싶은 것일까?

그의 아내 말대로 그는 자신을 종으로 부려먹은 사람들에게 정을 주고 살았던 것 같다. 그는 결혼하고 난 뒤 아내와 함께 대부도에 있는 그 집에 놀러 가기도 했고, 결혼식 같은 행사가 있으면 찾아가 축하하기도 했다.

법을 잘 아는 그의 친구가 지금이라도 소송을 해서 새경을 받자고 권할 때도 그는 '그럴 생각 없다'고 딱 잘랐다. 정이란 게 없었다면 결코 나올 수 없는 행동이다.

그래도 서운함이 여전히 가슴 한편에 자리하고 있는지 그는 "교회 열심히 다니면 뭐해요? 머슴 살리고 새경도 안 줬는데."라고 푸념하듯 한마디를 던졌다.

5년 넘게 머슴 살면서 새경은 한 푼도 못 받아

_ 결국, 그는 머슴살이 5년여가 되던 해에 소금 배를 얻어 타고 탈출을 해서야 자유를 얻을 수 있었다. 스무 살이 넘은 성인이었으니, 굳이 탈출하지 않아도 당당하게 나올 수 있었을 텐데, 그는 어째서 그랬을까?

"나간다고 하면 그 끔찍한 선감학원으로 다시 보낼까 봐 두려웠어요. 그래서 쉽게 도망칠 수 없었고요. 걸리면 선감학원에 가야 하니까요. 사실 한번 도망치다 그 집 사위한테 걸려서 끌려간 적도 있어요. 돈을 안 주니 뱃삯이 없었고, 그래서 소금 배를 얻어 타고 인천으로 나온 거죠."

자유를 얻었지만 초등학교도 다니지 못한 소년 기철 앞에 놓인 인생은 험하기 짝이 없었다. 입에 풀칠하기 위해 그릇가게·자전거포 점원, 노가다 등 닥치는 대로 일했다. 술집에서 웨이터 생활도 했다.

그래도 타고난 성실함과 꼼꼼함이 있어 다행이었다. 어디를 가든 그는 사장님이 붙잡아 두고 싶은 '상일꾼'이었다. 머슴으로 팔려간 것도 따지고 보면 그의 성실함을 인정받은 덕분(?)이다. 그 성실함 덕에 그는 웨이터에서 주방장으로 성장했다. 월급을 30만 원이나 주는 괜찮은 일자리였다.

그러나 그는 얼마 뒤 돌연 주방장을 그만두고 월급이 고작 6만 원밖에 되지 않는 산업용품 센터 점원으로 변신한다. 흥청거리는 술집 분위기가 싫어서다. 그곳에서도 타고난 성실함이 빛을 발해, 그는 9년 만에 자기 점포를 소유한 어엿한 사장님이 된다.

"이 일을 하면서 아내를 만나 결혼을 했어요, 전세금 300만 원을 털어서 사업을 시작해서, 이만큼 살고 있으니. 그래요, 이 정도면 기자님 말대로 성공한 거네요. 성공 비결요? 하하하! 저는 성실함이라고 생각해요. 제가 생각해도 착실하게 살았어요. 어떤 상황이 닥쳐도 비관하지 않았고요. 심지어 수천만 원 부도를 맞았을 때도."

그는 그저 성실했기 때문이라 말했지만, 그것만은 아니었다. 그는 어린 시절부터 장사에 특별한 소질이 있었다. 천호동에서 엄마와 함께 살던 시절에 그는 빈 병을 주워 모아 용돈을 벌어 쓸 정도로 장사에 소질을 보였다. 대부도에서 종살이하면서도 짬을 내 아이스크림 장사를 할 정도로 장사를 좋아했다. 그 뒤에도 기회만 있으면 적은 자본금으로 할 수 있는 포장마차 같은 장사를 했다.

"저는 어릴 때부터 사고파는 게 정말 재미있어요. 그래서 남의집 살이를 하면서도 장사를 한 거죠. 그러면서 신용이 재산이라는 것을 깨달았고, 그 원칙대로 지금까지 사업을 했어요. 벌면 일부를 떼서 베풀어야 한다는 것도 알고요. 글자를 몰라서 어려움이 많았는데, 그건 아내가 채워줬어요. 대신 저에게는 거래처 이름부터 거래액까지 몽땅 기억하는 놀라운 기억력이 있어요. 물건을 잘 파는 능력도 있고요. 또 돈 떼먹지 않을 건실한 회사가 어딘지를 찾는 능력도 있는 것 같아요. 그래서 그 어렵다는 IMF 때도 우린 끄떡없었어요."

이제 초로의 나이에 접어든 선감학원 출신 성공한 사업가 기철 씨 소원은 무엇일까?

이 물음에 그는 '지금 하는 사업 잘 유지하는 것, 그리고 우리 가족 건강한 것'이라는 평범한 답을 내놓았다. "나 혼자였는데, 아내, 아들, 딸, 며느리, 사위, 손자, 손녀까지 가족이 10명이 됐으니, 대성공이다." 라며 너털웃음을 짓기도 했다.

하지만 그의 소원 목록에는 '선감학원에서 당한 억울함에 대한 보상'이 분명 있었다. 그는 입버릇처럼 "대한민국이 나를 고아로 만들었다."고 말했다. 그 뒤를 "서울시, 경찰청, 그리고 선감학원을 운영한 경기도가 정말 나쁘다."라는 푸념 같은 말이 따랐다.

대한민국이 나를
고아로 만들어서...

_ "성인이 되어 외삼촌을 찾은 덕에 이모들은 만날 수 있었지만, 엄마를 만날 수는 없었어요. 이미 돌아가신 뒤였거든요. 엄마 임종도 못 지킨 거죠. 저는 지금도 친아버지가 누군지를 몰라요. 이거 소송이라도 하고 싶어요. 근데, 지겠죠?"

이 말에는 그의 한과 억울함이 응축돼 있었다. 또한, 이 세상 그 어떤 폭력보다도 국가폭력이 무섭다는 사실을 알게 하는 한마디이기도 했다. 폭력배한테 당하면 국가(경찰)에 도움을 요청할 수 있지만, 국가한테 당하면 도대체 누구한테 도움을 요청해야 할까? 이것이 국가폭력이 그 어떤 폭력보다도 무서운 이유다.

선감 나루터_ 사진 정대희

부 록

1.

선감학원 관련 사진들

2.

소년 강제 수용소 선감학원, 개원에서 폐원까지

3.

선감학원과 관련한 신문기사 내용

: 선감학원 사건, 진상조사 및 지원방안 최종보고서(경기도의회)와 선감 박물관에서
  발행한 선감학원 신문기사 자료집에서 발췌.

1.

선감학원 관련 사진들

선감학원 터 경기창작센터_ 사진 정대희

_사진 정대희

선감 소년들이 기거했던 선감학원 숙소
_사진 정대희

무덤에서 나온 꽃신 주인 고 허일동씨의 쌍둥이 동생 허일용씨가 무덤에 국화꽃을 놓고 있다. ..사진 이민선

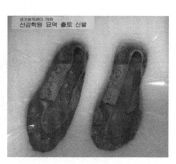

무덤에서 나온 꽃신 _사진 이민선

소년들이 지던 물지게. 선감 박물관 전시
_사진 이민선

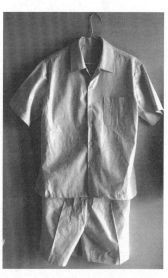

소년들이 입던 옷. 선감 박물관 전시
_사진 이민선

정진각 역사학자, 안산지역사연구소 소장
_ 사진 이민선

선감 선착장_ 사진 이민선

위령제_ 사진 김성균 / 위령제에 참여한 소설 '아! 선감도' 저자 일본인 이하라 히로미츠씨_ 사진 정대희 / 선감 선착장에서 열린 혼 맞이 굿_ 사진 김성균

죽은 자의 넋을 받은 넋전이 무덤에 꽂혀 있다.
_사진 김성균

선감묘역 위령제_ 사진 김성균

일제 강점기 선감학원: 황민화 교육. 칠판에
지원병이 되어 전선에 나가자라고 적혀 있다.
_사진 경기도

일제 강점기 선감학원: 첫 부임 교관들
_사진 이민선

일제 강점기 선감학원: 삽을 총처럼 들고 있다.
_사진 경기도

경기창작센터에 전시된 사진, 일제 강점기때 소년들이 배를 타고 선감학원으로 들어오는 모습
_사진 이민선

1942년 대부도 진두포구 첫 도착 원생들
_사진 이하라 히로미츠

선감학원 김장모습(1943)
_사진 경기도

1970선감학원_ 사진 경기도

1970년 선감학원_ 사진 경기도

2.

소년 강제 수용소 선감학원,
개원에서 폐원까지

일제 강점기 말기의 사회상

농촌진흥정책의 실패와 일제의 극심한 수탈 등으로 인해 농촌 경제가 붕괴하면서 1930년대 중반 즈음부터 도시로 인구가 집중됐다. 도심에 빈민들의 토막(土幕)과 부랑아가 증가하자 일제는 이들을 도심 경관을 해치는 암적인 존재로 판단해 빈민들을 교외로 추방하고 길거리의 부랑아들을 단속하는 정책을 폈다. 이런 사회적 배경에서 탄생한 게 선감학원이다.

일제 강점기 선감학원

1942년 5월 29일, 불량행위를 했거나 할 우려가 있다는 이유로 도심지 부랑아 195명을 수용했다. 8~18세 정도 연령의 아동과 청소년들이었다. 강제 노역과 학대, 폭행, 고문, 굶주림 등의 인권유린이 자행됐다. 엄격한 규율과 통제 아래 소년들은 20만 평에 달하는 농지의 상당 부분을 경작했다. 2년 뒤인 1944년에는 선감학원에 있던 소년 40여 명을 삼척 탄광에 보내기도 했다.

해방 후 선감학원

1946년 2월, 미 군정은 선감학원을 경기도로 이관했다.

1950년 전쟁이 터지자 미군 중대 병력이 선감도에 주둔했다. 1954년 4월 주한 미군 제1군단은 사무실, 교사(校舍), 아동 숙소 및 직원 관사, 병원, 목욕탕, 식당 등 41동의 건물을 지었다. 그해 미군이 철수한 뒤에는 다시 경기도가 수용시설로 사용했다.

1961년 5·16 군사 쿠데타 이후 국가 체면을 손상한다는 이유로 부랑아를 대규모 강제 수용했다. 이 때문에 5·16 군사 쿠데타 이후부터 1970년대 중반까지 가장 많은 원생이 수용됐다. 이 기간에 경찰과 단속 공무원들은 연고지가 명확한 아이까지 잡아 선감학원에 넘겼다. 피해자들 증언에 따르면, 피해자들은 대부분 심부름을 가거나 친척 집을 방문하러 갔다가 집 주소를 모르거나 옷이 남루하다는 이유로 납치됐다.

선감학원은 1982년에 폐쇄됐다.

3.

선감학원과 관련한
신문기사 내용

일제 강점기

동아일보 1935년 2월 14일 2면

빈민 신도시계획 市內外 2천여 "토막(土幕)"

금춘(今春)부터 긴급정리(緊急整理)

시외 정릉리(貞陵里)와 홍제외리(弘濟外里)로

건축재료 등은 기부로

고루 거각이 날로 늘어나는 경성부 번영의 그늘 밑에는 일간 두옥도 내 것이 못 되어 척신을 땅에 붙은 토막에 의지하는 토막민들도 날로 늘어간다.

최근 경성부 사회과 조사에 의하면 부내외의 토막민의 호수는 종로서 관내에 8호, 동대문서 관내에 1,653호, 용산서 관내에 130호, 서대문서 관내에 236호 모두 이가천호라 한다.

이는 문화시설이 날로 성장을 갖추게 되는 경성 대도시에 있어서는 위생보건상으로 보나 도시미관상으로 보아 그의 사회적 정리와 시설이 절대로 필요한 것이라 하여 최근 경성부 사회과에서는 그의 정리안을 목하 작성 중이라 한다.

그 내용은 부내외의 움집 중에서 시급한 정리를 필요로 하는 2천호를 1935년부터 1937년까지 3개년간 계속 정리하리라는 것이다.

그 정리방법은 1935도에 팔백호 동 1966년도에 7백호 동 1937년도에 5백호를 부외(府外) 숭인면 정릉리와 부외 은평면 홍제외리의 국유림으로 각각 이전케 하리라고 한다.

그 대지는 무상으로 양여를 받고 건축재료는 이왕직으로부터 600호를, 임업 시험장으로부터 500호를, 부내의 임업 관계자로부터 500호분의 기부를 각각 받고 그의 건축은 토막민들의 자력으로 할 작정이라 한다. 그러나 가옥 건축의 양식은 일정하게 하되 그외 경영은 교화 단체나 사회단체 의뢰하려고 하는데 동 부락의 도로와 하수도는 경영 단체로 하여금 시설케 하리라고 한다.

1941년 8월 28일 매일신보 2면

고아들의 樂天地
작일(昨日) 부천 선감도를 기지로 정식 결정

거리의 어린 '룸팬'을 모아가지고 산업적으로 활약할 새로운 낙원을 만들자고 하는 경기도의 계획은 오래전부터 진행되어 왔는데 어제 26일 경기도와 총독부로부터 관계자가 이 낙원을 만들 기지를 시찰하고 최종적으로 정식 결정을 지었다.

이 낙원의 건설기지는 오래 전부터 물색해 온 부천군 대부면 선감도로 135정보의 넓은 면적을 가진 풍광 명미 한 훌륭한 섬이라고 한다.

이곳을 어제 26일 스즈카와(鈴川) 경기도지사, 총독부 이소자키(磯崎) 사회과장 노다(野田) 경기도 사회과장 오와다(大和田) 형사과장 일행이 현지를 시찰하고 거리의 고아들을 수용하여 '아름다운 섬'으로 또는 농산물 생산력 확충의 기지로서 낙원을 꾸미기에도 이상적인 토지로 최후 결정을 지었다.

이 섬에는 현재 70호의 민가가 있고 11만평의 논과 7만평의 밭이 있으며 또한 어업 경영지로도 적당하여 현재 오백여 명의 주민이 살고 있으며 앞으로 이 70호의 주택과 섬 전체를 매수해서 반농 반어 이상적인 산업의 낙원을 만들어 전시 식량 증산에 어린 고아들을 동원시킨다는 것이다.

이 사업을 위하여 우선 50만원을 일반 기부로 하여 현재의 기지와 70호를 전부 매수한 다음 경성으로부터 500명의 어린 '룸팬'을 이 주택에 전부 수용하고 기타 이전과 수산장을 만들어 생산력 확충에 총력을 발휘케 하리라 하며 지주와의 양해도 끝났음으로 곧 기부금을 모집하여 기지 매수와 고아수용의 제 사업을 시작하리라고 한다. 이 사업이 완성되면 풍광이 아름다운 명소로 또는 바다와 산과 들의 아름다운 자연의 혜택을 입는 훌륭한 이상적 낙원으로 앞으로는 일천명 이상을 수용하게 될 터이며 장례에는 기계화하는 영농법을 실시해서 이러한 사회사업의 새로운 기초를 세우리라 한다.

일천명을 수용
매년 7만원씩 보조,
본부 이소자키(磯崎) 사회 과장 談

"위와 같이 자연의 조건이 훌륭한 선감도를 이상적인 낙원으로 하여 거리의 고아들을 수용하기로 결정을 보게 된 것에 대해 총독부 이소자키(磯崎) 사회과장은 다음과 같이 말하였다. "이제 관계자들과 현지를 보았는데 고아 수용과 식량 증산을 위한 기지로 너무나 훌륭하였다. 지주들과의 양해도 대체로 된 모양이어서 곧 사업에 착수할 터이며 우선 500명을 수용하고 장래에는 1천명까지 수용하게 될 것이다. 모든 준비를 경기도에서 진행 중이며 총독부로서는 500명의 급식비로서 매년 7만5천원씩을 보조할 터인데 무엇보다도 식량 증산과 생산력 확충을 위하여 거리의 고아들의 힘을 비는 특별한 시설을 한다는 것은 시국 하에 가장 뜻깊은 일이라 할 것이다."

매일신보 1942년 3월 15일 2면

거리의 천사에 낙원

선감학원 4월에 개원식

우선 부랑소년 5백여명을 수용

거리를 방황하는 가련한 고아들과 부랑 청소년들을 수용 보호하여 생활 전사로서의 지식 기능을 가르치는 한편 그들을 총후(銃後)의 꿋꿋한 황국 신민으로 연성키 위하여 경기도 사회사업협회에서는 부천군 대부면 선감도에 선감학원이라는 '거리의 천사'들의 낙원건설을 작년 가을이래로 준비하여 오던 중 드디어 오는 4월부터 개원식을 거행하고 조선 청년보호사상 획기적인 출발을 하게 되었다. 즉 전

기 경기도 사회사업협회에서는 작년부터 총독부 도청 등 당국의 후원 아래 인천에서 바다로 약 2시간 수원에서 해상 약 1킬로 지점에 있는 총 면적이 241평방 킬로의 선감도와 어업권을 전부 매수하여 작년 겨울에 76호의 동도(同島) 주민을 전부 도외(島外)로 철거시킨 다음 일반 독지가들의 정재(淨財)를 거두어 총 공비 60만원으로 신사(神社), 국기게양탑 20여 호의 교원주택 46평의 식당 158평의 강당 교실 등 각종 건축 착공을 준비하며 일반 시설 완비에 노력하여 왔다. 그러는 한편 근자에는 (경성)부내 각 경찰서와 도청당국에 의뢰하여 7~8세로부터 20세까지 거리의 천사들 중에서 우선 오백여 명의 남자들만 선택하여 동학원에 수차례에 나눠 수용한 후 오십여 명의 교직원이 심혈을 바쳐 그들에게 행좌(行座)를 통한 철저한 정신 연성(鍊成)과 농업축산업 수산업 등 직접 노무교육에 의한 자립자영의 기백을 양성시킬 터인데 불원간 이들 원아 선발에 착수할 것이다.

그리고 교원들은 모두 결혼을 한 상당한 교육 경력자들을 초청하여 그들 부부가 일체가 되어 내외 두 사람이 약 25명씩 원아들을 담당한 후 직접 그들의 부모가 되어 적극적으로 훈련에 매진할 터이며 더욱이 전임의사 간호부까지 초빙하여 이들 원아 보건에 만전을 기할 터이다. 그런데 여기에 필요한 매년 경상비는 약 20만원인 바 금년도부터 경기도에서 5만원 동(同)부청에서 3만원 국고 보조로 7만원씩을 각각 지출하고 나머지는 동학원에 일반작업 수입으로 충당할 방침인데 방금 교원 전형도 순조롭게 진행 중이며 각종 시설과 건축도 착착 준공되고 있으니 늦어도 신년도인 오는 4월부터 동학원의 우렁찬 출발이 시작되리라고 한다. 여기에 대하여 동 학원장 츠카모토[塚本] 씨는 다음과 같이 말하였다.

"내지(內地)는 소년교호법이 실시되고 있으나 이렇게 대규모의 교호원은 없습니다. 나는 나의 일생을 바쳐서 이 성스러운 사업에 매진하려고 합니다. 여러 가지 준비도 정리되었으니 오는 4월부터는 개원식을 거행하여 금년 안으로는 예정 한 500명의 원아들을 완전히 수용할 것입니다. 이 숭고한 국가 사회사업에 일반 총후(銃後) 국민들의 절대한 원조를 빌고 있습니다."

소년의 낙원 선감학원

浮浪少年 오백명 수용, 20일경 개원

少年의 樂園 仙甘學院

浮浪少年五百名收容、廿日頃開院

浮浪少年을 甦生

銃後의 戰士로 鍊成

野田道 社會課長 談

금 16일은 조선에 소년령(少年令)이 실시된 이후 처음으로 맞이하는 소년보호 운동의 첫날이다. 가지가지 행사가 벌어지는 이날을 맞이하여 다음 세기의 대동아 건설을 두 어깨에 멜 젊은 일꾼들을 씩씩하고 바르고 억세게 길러서 국가의 추진력이 되게 하며 더욱이 소년범죄의 절멸과 아동들의 갱생을 꾀하기 위하여 경기도에서는 일찍부터 백만평이나 부천군 선감도를 전부 매입하고 50만원의 거액을 들여 선감학원을 창설할 준비를 하여 오더니 드디어 4월 20일경에 그 개원식을 거행한다는 반가운 소식이 들려와서 한층 소년보호운동을 뜻깊게 하고 있다. 동 학원에는 경성 시내에서 집도 없이 헤메는 7세부터 18세까지의 반도소년들 5백여명을 장차 수용하여 가족적인 지도훈련과 직업적 기술을 교수하여 2, 3년 후에는 훌륭한 황국의 젊은 일꾼으로 연성시키는 문자 그대로의 "거리의 천사들의 도장"이 될 터인데 우선 2백명을 부내 각 경찰서에 의뢰하여 근근 선발하여 수용할 터이다. 그리고 총본(塚本) 동 학원 원장을 비롯하여 교호, 작업, 서무관계 직원 10여명과 전임의사, 간호부도 결정되었음으로 수일 후에는 이들 직원들은 일제히 선감학원으로 부임예정인데 그 중에는 「미가에리의 塔」이라는 영화의 작자 등정상일(藤井祥一)씨가 총무가 되어 영화 아닌 실제의 소년보호운동의 제1선을 맞게 되었다.

1944년 6월 2일 매일신보 3면

잘 있거라 선감도 이제부터 광업전사(鑛業戰士)
제2회 연성아(鍊成兒) 40명 씩씩하게 진발(進發)

따뜻한 가정과 사랑의 어버이
도 없이 거리에서 방황하는 거리
의 천사들을 사회의 따뜻한 손
을 뻗어 이들의 행복한 보금자리
로서 참된 연성을 하고자 선감학
원에서는 감화교육에 힘써왔다.
그동안 부랑아동들을 애정으로
길러내어 이제 싸우는 마당에 나
서게 하고저 산업전사로 등장케
하여 1회 연성아 21명을 지난 4
월 26일 강원도 삼척탄광에 산업전사로 취업시키었다. 이같은 좋은 성적에 비추
어 경기도 사회과에서는 제2회 특별 연성아동 40명을 이 탄광에 취업시키기로 되
어 사회과에서는 2일 선감도의 원아를 동 탄광으로 인솔하여 출발하기로 되었다.

이 기회에 동(同) 탄광 오이시(大石) 사장은 다음과 같이 말한다.

"세상과 떨어져 있는 고도(孤島)에서 오직 대자연과 친하며 좋은 선생님들의 훈육을 받다가 이제 국가에 힘을 보태겠다는 결의를 품고 나서는 이들 어린 산업전사를 맞게 되니 책임이 크며 기뻐 마지 않습니다. 이들을 단지 노무자로 생각하지 않고 선감학원의 연장이 될 좋은 도장을 그들에게 제공하여 앞날에 결전을 싸워 이길 청소년으로 지도하여 볼 생각입니다. 오늘 그들이 사회의 따스러운 손에 보호되어 전과는 몰라보게 훌륭히 변하였거니와 이제 산업전사로 첫발을 내디디는 때 그들의 가슴속에는 새로운 광명과 결실이 있을 줄 알거니와 이를 지도하는 우리들의 책임 또한 큰 것으로 느껴 훌륭한 산업전사로서 양성해 놓고자 합니다."

1946년 11월 19일 동아일보

고아집 선감학원 우선 50명을 수용

경기도 보건후생국에서는 서울시와 사법부의 협력을 얻어 서울 시내와 인천 시내에서 방황하는 고아들 중에서 앞으로 국가의 인재로 양성될 수 있는 7세 이상 15세까지의 소년 소녀 약 50명을 선발하여 이달 말경 선감학원에 수용을 하고 구호교육을 할 것이라고 하는데 금년 중에 약 40만 원 경비를 던져 선감학원을 수리하고 계속하여 수용구호를 할 것이라고 한다.

1946년 11월 30일 한성일보

거리의 불량아 / 선감도의 수용

최근 경인지방에서는 14세 이하의 소년들이 미군인의 물품을 매매 중개 혹은 절도행위를 하는 등, 실로 사회 교화상 도저히 감당할 수 없으므로 경기도 후생국에서는 인천 선감도의 수용소를 수선 확충하여 우선 경인(京仁) 양시에서 보호인

없는 소년 약 30명씩 60명을 30일 미군 트럭
으로 동 수용소에 수용하기로 되었다 한다.

거리의 不良兒
仙甘島에 收容

[仁川支局電話] 최근 정인
미군 [트럭] 이로 동 수용소
지방에서는 十四세 이하의

없는 소년 약 三十명씩 六十명을 三十일
지시에서 보호인 없어 우선 경인지방
三十명씩 六十명을 三十일
수선회 총하야 (救護所)를
역수용소 (救濟所)인 인천선감도 (仙甘島)
에서는 인천선감도 (京畿民生局)
기도후생국 (京畿民生局)
저희 간관할수없음으로 경
분야에서 전문적으로 활동
율세우고있었다고한다
임당운불일간추려나갈조가
끄치 대로송국되리라한다
일반남자율골리우어인플을 매매알선개
한고 운통진수와여인플은 소년들이 매매알선개
차에 의사용진수의물품율담당
제령 소년들이
흑은정도의의물율
미군의의물율
새로사회피화상도
설로사회피화상도

1947년 8월 27일 동아일보

○ 거리의 부랑아와 걸인의 보호 검색에 웃지 못할 난센스 하나

○ 도시 미관과 부랑아 숙청을 목표로 경찰이 거리의 무위도식 아동들을 트럭에
  실어 멀리 충청도 방면에 추방하기 여러 번

○ 그중에는 부랑아도 걸인도 아닌 양가의 어린이까지 의복이 남루함이 원인으
  로 한데 휩쓸려 낯선 이향에 쫓겨 갔다가 수백리 멀고 먼 길을 며칠 동안 걸
  어서 돌아왔다는 실로 웃지 못할 사실

○ 이런 사실은 어린이에만 한한 것이 아니라 의복이 남루하고 행세가 초라하면
  어떠한 양가의 남녀라도 세상에 버림을 받는 일이 허다하다.

○ 의복은 사람의 날개라고?

1952년 8월 12일 동아일보

전국의 8개 수용소 설치
사회부에서 부랑아 걸인 수용의 착수

사회부에서는 전국 부랑아 거리 및 난민에 실태를 파악하여 전국에 6개소 내지 8개소의 수용소를 설치하여 8월 중에 구호 수용기로 하였다는데 식량은 1일 1인당 3홉씩에다 부식비 150원씩을 급여키로 되었다 한다. 한편 아동보호소 수용인원에 각 도별 걸인 수는 다음과 같다고 한다.

▷ 아동보호 인원수: 서울 130, 경기 509, 충북 210, 충남 610, 전북 710, 전남 725, 경북 638, 경남 748, 강원 197, 제주 5.

▷ 걸인: 서울 630, 경기 261, 충북 274, 충남 714, 전북 909, 전남 1098, 경북 1286, 경남 1983, 강원 770, 제주 47, 그리고 전국 부랑아 수는 4494명이라고 한다.

부랑아 전부 수용

19만 원 예산으로 추진

사회부에서는 금반 부랑아 수용구호비 19만 5천환을 서울특별시를 위시한 경기, 충북, 전남, 경남, 강원 각도에 배당하여 부랑아의 수용을 철저히 할 것을 지시하는 동시에 부랑아들을 조정하는 왕초라는 부랑소년을 처단할 것이라고 한다.

현재 전국 각지에 있는 후생시설 371개소에는 약 5만명의 고아들이 수용되어 따뜻한 보호를 받고 있는데 아직도 1만여명으로 추산되는 전재(전쟁)고아가 가두에서 방황하고 있다 한다.

부랑아 수용에 이상, 喜悅보다 悲哀가 커지는 아방궁

기아(飢餓)에 떠는 원생(園生)

막대한 예산(豫算)은 어디다 사용(使用)?

선감(鐥減)으로 화한 선감학원(仙甘學園)

　8월 28일 현재 174명의 원아를 수용하고 있는 선감학원(仙甘學園) 운영실태는 활달한 것이 못될 뿐만 아니라 사회인의 시청을 충분히 피할 수 있는 동떨어진 도서(島嶼)라는 점에서 시비(是非)의 심판을 가하기가 실질상 어려운 형편이다. 학원 당국자들의 말에 의하면 4288년도(1955년) 세입 총액이 3천2백29만8천4백환 세출 역시 동액으로 계산되어 있는데 수입 면과 세출 면을 통해 본 의아(疑訝)는 하나둘이 아니어서 아방궁으로 화한 동 학원의 내막을 알아보기에 어려운 점이 수다한 것이다.

우선 의아의 초점은 3천2백39만8천4백환의 막대한 경비가 학원운영비 조로 7백4십 되는 데에 비하여 사무비가 4백2십5만4천2백환이나 소요된다는 것이다. 사무비의 400여만환이라는 것은 부랑아를 수용하는 일종의 고아원에서는 과분 지출인 동시에 이를 불우한 원아들의 외식(外食) 생활이 엉망인 처지에 비해 전체사회가 용납할 수 없는 것이다. 그 일례로써 원아의 옷차림이 초라한 것은 고사하고라도 직원사무실과 원장실이 호화찬란한 현실이 원아들의 생활 형태와 조화되지 않는 등의 문제, 학원운영비로 책정되어 있는 7백4십여만환의 경비를 가지고 1백7십명에게 급식하는 정도란 꽁보리밥에 호박국, 그나마도 때에 따라서는 간장 한 가지로 가냘픈 생명을 연장시키고 있다는 사실이 밝혀진 오늘에 와선 사회는 까닭 없이 묵과할 수 없는 처지에 놓여진 바 이 또한 일종의 비극이 아닐 수 없는 것이다. 또 하나 기이한 점은 1백7십여명을 수용하고 동원의 직원이 14명이나 된다는 것인데 그들의 가족을 합치면 무려 100명이 넘는다는 것이니깐 직원가족을 위한 선감학원(仙甘學園)인지? 기구한 운명의 학동을 위한 선감학원(仙甘學園)인지? 이해하기 곤란한 것이다. 이와 같은 동원의 일대 추문은 방금 세간에 알려져 있지 않으나 금차 시찰단 일행들에 의해서 밝혀진 이문(異問)인 것으로 동일 시찰단 일행들을 크게 실망하게 한 것이다.

한편 일행이 학원에 도착했을 당시 원아들은 광목으로 만들어진 유사 양복을 입고 있었으나 그나마도 하루 앞둔 27일 저녁때 배부한 무대에 오르는 배우와 한 작의에 불과한 것이다. 특히 전반적인 학동은 "배고파 못살겠다", "일이 심해서 견딜 수 없다", "매질을 해서 참을 수 없다" 등 불평불만이 비등했다. 이와 같은 원아들의 불평은 고아들과의 직접 면접시에 밝혀진 사실인데 여사한 실정은 감시의 눈을 피하면서 한마디 입 밖에 내놓은 '비밀에 속한 발언'으로 간주되는 것이다. 한편 그들 원아의 말을 빌려보면 외지의 손님이 올 때면 의례로 있는 연극이 무척 반갑고 고맙지만 그 날이 지나는 순간에는 다시 올 고역에 공포와 불안을 느낀다는 것이다.

　이와 같은 현실은 당무자에 의해서 명백해진 것은 결코 아니며 무심을 인정한 당무자의 학대에 반항하는 '집 없는 천사'의 애통한 울부짖음일 것인바 당국은 이상 열거한 현실 문제 외에도 이미 조사 완료된 실태를 착수해서 별반 조처를 신속히 취하여야 할 것을 소리 높여 요청하고 있는 것이다.

1960년 11월 25일 경향신문

부랑아도 국민이다
200여 어린 집시들이 데모

《浮浪兒도國民이다》
200餘어린찜씨들이데모

【大邱】

大東뻐스 再運行時
運輸業者 罷業決議

軍人殺害犯 朴送致

굶주림과 추위를 덜어달라는 부랑아와 걸인들의 색다른 데모가 23일 상오 11시 대성중고등학교 옆 광장에서 일어났다. 시내 5개소(남문시장, 경대교, 수성교, 대명동)에 있는 약 200여명의 부랑걸인들은 먼저 구호단체인 메노나이트 경북지구 사무소(동산병원 소재) 재단에 구호를 호소하고 이들은 부랑아도 대한의 아들 딸이다. '부랑아는 왜 생겼나' 등의 플랜카드를 들고 '자립할 수 있는 직업 보도를 하라', '뒷받침 없는 취체를 하지 말라'는 등의 구호를 외치면서 서문 도청 한은 지점을 거쳐 수성교 밑에서 해산하였다.

1962년 11월 24일 인천신문

부랑아 일제 단속
시내에서 합동으로 적발자 선감도에 수용

인천 시내 3개 경찰서에서는 23일 밤 자정부터 약 1시간 동안에 걸쳐 부랑자 일제 단속망을 펼치고 30여명의 걸인군을 오늘 색출 하였다. 적발된 부랑아는 24일 인천시 당국에 이첩하였는데 그중 33명은 선감도 소재 선감학원에 보내 수용하였으며 6명은 귀가조치 하였다.

1963년 12월 14일 경향신문

엉뚱한 부랑아 단속
도련님 2명 끌려가

인권옹호 주간 마지막 날인 13일 저녁 집 앞에서 놀던 국민학교 어린이들을 불량소년으로 잘못 알아 시청 직원에 의해 연행 6시간 동안 시립 아동보호소에 감금당한 불상사가 서울 시내에서 일어났다. 서울 종로 5가 288 장세기(張世基, 31)씨의 2남 익선(益善 10세 =방산국교 3년)군과 정주석(丁周錫. 34)씨의 2남 창현(昌鉉 10세=방산국교 3년)군 등 2명의 어린이가 13일 저녁 7시 30분쯤 집 앞에서 공치기를 하며 놀던 중 시 사회과 부랑아 단속반에 붙들려 엠브란스로 시립 아동보호소에 끌려갔다.

1963년 7월 12일 경향신문

과잉 단속이 빚은 빗나간 아동복지
당치않은 부랑아로
보호소 전전 8개월 만에 애태운 부모 품에

길을 잃고 방황하다 부랑아 단속에 적발되어 아동보호소를 전전긍긍하던 12세 소년이 그를 찾아 헤매던 부모들과 8개월 만인 11일 하오 5시 극적인 상봉 후 그리던 집으로 돌아갔다.

62년 12월 어느 날 저녁 9시경 서울 서대문구 향촌동 2-2 조근호씨(42) 장남 경일(매동초등학교 5년생)군은 아주머니의 심부름으로 서대문 우체국으로 편지를 부치러 나갔는데 우체국을 찾지 못한 경일군은 서울역까지 오게 되어 역 광장에서 12시까지 방황하다 부랑아 단속에 적발되었다 한다. 그러나 집으로 돌아갈 줄 알았던 경일군은 숱한 부랑아들 틈에 끼어 녹번리 아동보호소에 수용, 일주일 후에는 선감학원으로, 다시 4개월만인 지난 3월 29일 수원 혜광원으로 이송되어 수용 중 이날 아버지 어머니와 극적인 상봉으로 그리던 서울 집으로 돌아갔다.

한편 조씨는 신문 지상을 통하는 등 백방으로 경일군을 찾아 헤매다가 며칠 전 녹번리 아동보호소에서 선감으로 이송된 것을 확인, 선감학원에서 수원 혜광원으로 이송되어 수용 중인 것을 알고 찾아온 것이다.

1964년 10월 26일 경향신문

공명(功名)에 놀아난 단속
연고자 있는데도 잡아서 보내기도

국가에서 운영하는 부랑소년 수용소인 소년원에 대부분의 원생이 연고자가 있고 자유 없는 생활을 벗어나기 위해 탈출하는 일이 잇달아 일어나 동심이 흐려지고 있다. 경기도 부천군 대부면 선감도에 있는 선감학원의 경우 금년 들어 103명이 사방이 바다로 쌓인 섬으로부터 탈출을 기도하는 사태까지 벌어지고 있다. 선감학원생 427명 중 3분의 2가 부모나 연고자가 있는 소년들인데 일과에 짜인 부자연스러운 생활과 먼저 들어온 원생들의 하명상복 관계와 종일 하는 일에 지쳐 위험을 무릅쓰고 바닷물로 탈출을 기도하는 것이다. 연고자가 있는 아이들이 소년원에 수용되는 것은 경찰과 당국이 연고자가 있는지를 성의있게 확인하지 않고 수용소에 인계할 뿐 아니라 단속 기간에 맹목적으로 건수만 올리기 위해 혈안이 된 나머지 선량한 연고자가 있는 아이들을 불량성 있는 아이들의 수용소로 넘기게 된다는 것이다.

연고자가 있는 아이들의 경우 (池○○, 15)군은 서울 성북구 돈암동 ○○의 ○○에 아버지 지○○씨와 어머니 최○○씨가 살고 있지만 1개월 전에 제45회 전국체육대회 인천으로 구경하러 왔다가 동인천역에서 경찰에 붙잡혀 들어갔기 때문에 부모를 다시 만나지 못하게 되었다. 그 당시 부모가 있다 해도 잡아온 경찰관이 있다는 것이다.

형이 서울대학교 약학대학 4학년(張○, 24)에 재학 중이라는 장○○군도 9월 13일 인천으로 행상을 왔다가 동인천역에서 잡혔노라고 말했는데 형이 몰라서 찾아오지 못하고 있으니 꼭 전해 달라고 부탁까지 하며 눈물을 흘린다.

그런데 전국 체육대회 때 이곳에 잡혀온 부랑아만도 82명이나 된다.

선감학원장 문기성(文基成)씨는 "원아들이 모두 연고자가 있다."고 말하면서 부자유스러운 생활 때문에 기회만 있으면 탈출하려고 갖은 수단을 쓰고 있다고 실정을 말했다. 이들은 섬 사방을 둘러싼 바닷물 약 50m를 헤엄쳐 대부면으로 탈출 인천으로 돌아간다는 것 지난 추석날 동 학원에 있던 임○○(12)군은 다른 원아 2명의 꾐에 빠져 바다를 헤엄쳐 탈출하다가 실패하여 겨우 목숨을 건졌다. 또한 불량성이 있는 아이들 틈에 연고자가 있는 선량한 아이들이 같이 수용되어 있기 때문에 감수성이 빠른 이들은 똑같이 불량기가 몸에 밴다. 이들 사이에서만 통하는 은어를 사용하게 되고 부랑아들이 자랑삼아 사회에서 저지른 범행을 이야기해서 결국 탈출 후 같이 범행까지 하게 된다는 것이다. 선감학원 문 원장은 연고자를 찾아주기 위해 노력 중이라고 밝혔다. 확실한 연고자가 있는 아이들만 해도 다음과 같다. (20명의 명단 생략)

소년들의 섬

펴 낸 날 2018년 12월 14일

지 은 이 이민선
펴 낸 이 최지숙
편집주간 이기성
편집팀장 이윤숙
기획편집 이민선, 최유윤, 정은지
표지디자인 이윤숙
책임마케팅 임용섭, 강보현
펴 낸 곳 도서출판 생각나눔
출판등록 제 2008-000008호
주   소 서울시 마포구 동교로 18길 41, 한경빌딩 2층
전   화 02-325-5100
팩   스 02-325-5101
홈페이지 www.생각나눔.kr
이 메 일 bookmain@think-book.com

• 책값은 표지 뒷면에 표기되어 있습니다.
  ISBN 978-89-6489-922-9 (03300)
• 이 도서의 국립중앙도서관 출판 시 도서목록(CIP)은 서지정보유통지원시스템 홈페이지
  (http://seoji.nl.go.kr)와 국가자료공동목록시스템(http://www.nl.go.kr/kolisnet)에서
  이용하실 수 있습니다(CIP제어번호: CIP2018037303).